AF525216

Katharina Pflug · Manuel Kohler

SUPPENKULT

Unwiderstehliche Rezepte für jede Jahreszeit

ARS VIVENDI

Inhalt

Vorwort

Suppen sind wahre Alleskönner und bringen alles mit, um sie zu lieben. Ihr Genusspotenzial ist immens und sie vermögen es, unser Herz und unsere Seele zu berühren. Allein der Duft mancher Suppen erinnert an Geborgenheit und gemeinsame Momente. Wir verbinden mit ihnen herrliche Kindheitsfreuden – zum Beispiel, wenn uns unsere Großmütter unsere Leibspeisen aufgetischt haben.

Suppen sind ungemein vielfältig. Sie spiegeln den ganzen Jahresverlauf mit ihren saisonalen Zutaten wider und sind zu jeder Tageszeit ein Genuss – sogar als Mitternachtssnack. Suppen sind treue Alltagsbegleiter, passen aber auch zu festlichen Anlässen. Suppe geht nahezu immer. In einigen Ländern ist die Suppe als Frühstück schon der beste Einstieg in den Tag. Suppen dienen als Vorspeise, Zwischenmahlzeit oder Hauptgericht. Sie munden warm, lauwarm oder kalt, mit viel oder wenig Einlage. Sie können herzhaft oder süß sein, wärmend oder erfrischend, rustikal oder exotisch, schlicht oder raffiniert, klar oder sämig, leicht oder mächtig. Die Möglichkeiten der Zubereitung sind schier grenzenlos.
Nicht zuletzt sind Brühen unerlässliche Zutaten für andere Gerichte, etwa als wertvolle Basis für Risottos und Saucen.

Suppen stehen auch für die Vielfalt der Kulturen. Jedes Land, jede Region und sogar manche Familien haben ihre eigenen Suppenspezialitäten. Suppen verbinden Menschen.

Wir beide, Manu und Kathi, leben und arbeiten seit Jahren zusammen. Essen und Genießen sind unsere Leidenschaft. Manu ist Koch, Kathi Fotografin. Für dieses Buch hat Manu klassische und internationale Suppenrezepte zusammengestellt. Darunter finden sich auch Neuinterpretationen und eigene Kreationen. Dabei legt er großen Wert auf saisonale und hochwertige Zutaten und achtet bei seiner Arbeit auf einen respektvollen Umgang mit den Lebensmitteln. Kathi zeigt mit ihren Bildern die schönsten und leckersten Seiten der Gerichte und nimmt uns durch die saisonale Farbgebung der Fotografien durch das ganze Jahr mit.

Wir wünschen viel Freude beim Lesen und Studieren, beim Nachkochen und Genießen.

Manuel Kohler / Katharina Pflug

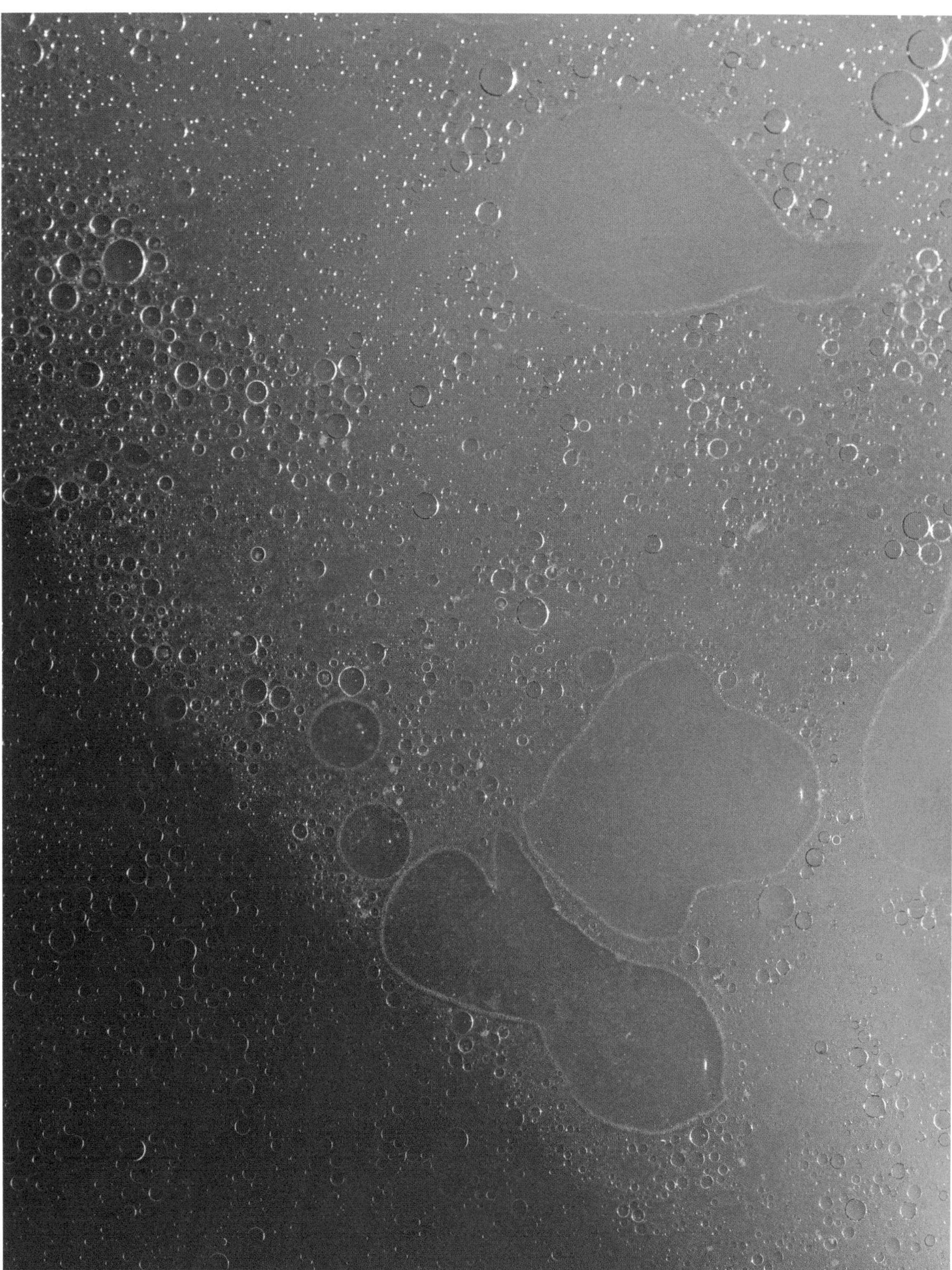

Brühen
8–21

Helle Grundsuppe

ERGIBT 1–2 LITER
150 g Knollensellerie
100 g Petersilienwurzel
100 g Lauch
200 g Zwiebel
50 g Apfel
25 g Butter
100 ml Weißwein
250 g Sahne
Salz

Das Gemüse und den Apfel waschen, putzen, gegebenenfalls schälen und in walnussgroße Stücke teilen. Die Butter in einen großen Topf geben und aufschäumen lassen, dann das Gemüse und den Apfel hinzufügen. Leicht anschwitzen, ohne dass das Gemüse Farbe annimmt. Mit Weißwein ablöschen und mit 1 ½ l kaltem Wasser aufgießen. Für etwa 1 Stunde köcheln lassen.

Mit einem Pürierstab mixen, die Sahne zugeben und mit Salz abschmecken.

Gemüsebrühe

ERGIBT 2–3 LITER
2 Frühlingszwiebeln
3 Stangen Staudensellerie
1 Karotte mit Grün
1 kleine Fenchelknolle
1 Bund glatte Petersilie
1 Bund Liebstöckel
Salz

Das Gemüse putzen und grob zerkleinern. Die Kräuter waschen und zusammen mit dem Gemüse in einen großen Topf geben und je nach Topfgröße mit 2–3 l Wasser bedecken. Aufkochen und die Brühe bei niedriger Temperatur 2 Stunden abgedeckt ziehen lassen. Zum Schluss mit Salz abschmecken.

Pilzbrühe

ERGIBT 1–1,5 LITER
100 g getrocknete Waldpilze
200 ml Weißwein
10 Zweige Thymian
Salz
400 g gemischte Zuchtpilze
1 Knoblauchzehe
Salz und schwarzer Pfeffer aus der Mühle
Wacholderöl zum Servieren (Rezept S. 206)

Die getrockneten Waldpilze mit 2 l kaltem Wasser in einen Topf füllen und für mindestens 1 Stunde einweichen lassen.

Dann den Weißwein und 5 Zweige Thymian zugeben, aufkochen und bei mittlerer Hitze auf etwa die Hälfte reduzieren. Ein Küchensieb mit einem sauberen Küchentuch auslegen, auf einem Topf platzieren und die Brühe abseihen. Mit Salz abschmecken und warm halten.

Die gemischten Zuchtpilze putzen, in mundgerechte Stücke schneiden und ohne Zugabe von Fett in einer heißen Pfanne anbraten.

Die Knoblauchzehe andrücken und mit dem restlichen Thymian zu den Pilzen geben. Mit Salz und Pfeffer würzen. Einige Male schwenken. Sobald die Pilze Farbe angenommen haben, auf Teller verteilen und mit der Brühe aufgießen. Mit einigen Tropfen Wacholderöl servieren.

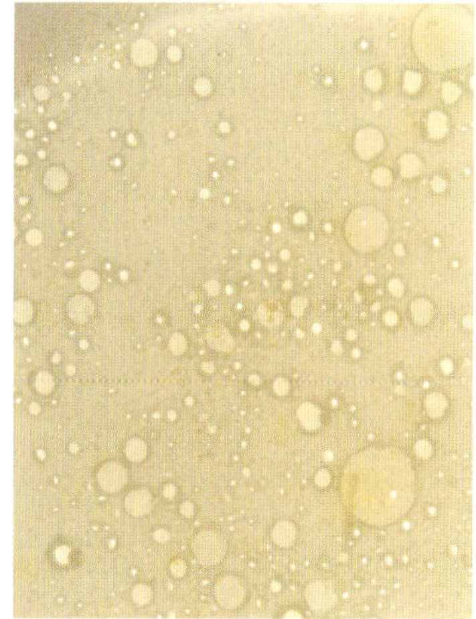

Tomatenbrühe

ERGIBT 0,5–1 LITER
1,6 kg Tomaten

Die Tomaten waschen, vierteln und vom Strunk befreien. In grobe Stücke schneiden, in eine Schüssel geben und etwa 5 Minuten mit dem Stabmixer pürieren.

Ein Passiertuch durchnässen und ausdrücken. Ein großes Sieb mit dem Passiertuch auslegen, die Tomatenmasse in das Tuch füllen, dann die Enden des Tuchs zusammennehmen und mit Küchengarn ein Päckchen schnüren. Über einer Schale aufhängen und für einige Stunden, oder über Nacht, abtropfen lassen.

Das Tomatenwasser als eine frische Brühe verwenden oder aufkochen und in sterilisierten Gläsern einmachen.

Die Tomatenmasse kann beispielsweise für die Zubereitung von Suppen oder Saucen eingefroren werden.

Hühnerbrühe

ERGIBT 3–4 LITER
1 Suppenhuhn
1 Knoblauchzehe
1 Zwiebel
2 Karotten
2 Stangen Staudensellerie
5 Stängel Petersilie
1 Tomate
1 Lorbeerblatt
5 weiße Pfefferkörner
5 schwarze Pfefferkörner
1 Nelke

Das Huhn mit 4 l kaltem Wasser in einen großen Topf geben und aufkochen lassen. Aufsteigenden Schaum mit einem Löffel abschöpfen. Knoblauch, Zwiebel, und Karotte schälen, Staudensellerie und Petersilie waschen. Sobald sich kein Schaum mehr bildet, das Gemüse und die Gewürze zum Huhn geben und mindestens 3 Stunden köcheln. Anschließend im Topf auskühlen.

Dann ein Küchensieb mit einem Küchentuch auslegen und die Brühe abseihen.

Rinderbrühe

ERGIBT 2–3 LITER
120 g Zwiebeln
500 g Suppenfleisch mit Knochen
75 g Karotten
30 g Frühlingszwiebeln
1 TL schwarze Pfefferkörner
½ TL Pimentkörner
2 Lorbeerblätter
Salz

Die Zwiebeln schälen und halbieren. Eine Pfanne mit Alufolie auslegen und die Zwiebeln zum Schwärzen mit der Schnittseite auf die Folie legen. Bei niedriger Temperatur für etwa 30 Minuten auf den Herd stellen.

Das Suppenfleisch und 3 l kaltes Wasser in einen Topf geben und aufkochen lassen. Den aufsteigenden Schaum abschöpfen und die Hitze reduzieren.

Das restliche Gemüse putzen und grob zerkleinern. Zusammen mit den Gewürzen und der Zwiebel zum Fleischsud geben.

Bei geschlossenem Deckel mindestens 3 Stunden köcheln lassen.

Die Brühe durch ein Sieb abseihen. Zum Schluss mit Salz abschmecken.

Knochenbrühe

ERGIBT 3–4 LITER
1,5 kg Rinderknochen
2 Karotten
2 Zwiebeln
1 Lauch
½ Knollensellerie
1 Knoblauchzehe
Salz

Die Knochen zusammen mit 4 l kaltem Wasser in einen Topf geben und zum Kochen bringen. Wenn das Wasser zu kochen beginnt, mit einem Löffel den Schaum und Trübstoffe abschöpfen.

Währenddessen das Gemüse putzen und grob schneiden. Sobald kein Schaum mehr aufsteigt, das Gemüse zugeben und bei kleiner Hitze mindestens 4 Stunden köcheln lassen.

Zum Schluss das ausgetretene Fett gegebenenfalls abschöpfen und nach Geschmack salzen.

Ochsenschwanz-Consommé

ERGIBT 1–2 LITER
1 kg Ochsenschwanz
1 Zwiebel
1 Karotte
1 Lauch
1 Petersilienwurzel
1 Knoblauchzehe
40 ml Öl
1 Tomate
2 Lorbeerblätter
1 TL schwarze Pfefferkörner
5 Zweige Thymian
20 g Salz
100 ml weißer Portwein
100 ml Sherry

Wenn nötig, den Ochsenschwanz an den Gelenken in kleinere Stücke teilen.
Das Gemüse, bis auf die Tomate, putzen und in nicht zu grobe Stücke teilen.

Das Öl in einem schweren Topf erhitzen, Ochsenschwanz zugeben und langsam von allen Seiten braten und bräunen.

Das geschnittene Gemüse in den Topf füllen und ebenso anbräunen.
Dann mit 2 l kaltem Wasser aufgießen, die Tomate zufügen und zum Kochen bringen. 3 Stunden köcheln lassen, dabei wenn nötig aufsteigenden Schaum und Fett abschöpfen. Nach 1 Stunde Garzeit Gewürze, Kräuter und Salz zugeben.

Wenn das Fleisch weich ist, ein großes Sieb mit einem sauberen Küchentuch auslegen und auf einem Topf platzieren. Die Brühe vorsichtig abseihen. Das Fleisch etwas auskühlen lassen, aber noch warm von den Knochen lösen und beiseitestellen.

Die Brühe aufkochen und das Fett abschöpfen. Danach Portwein und Sherry zugießen und etwa 15 Minuten bei starker Hitze einkochen lassen. Nochmals abschmecken.

Das Fleisch in der Suppe servieren.

Gemischte Fleischbrühe

BOLLITO MISTO

ERGIBT 1–2 LITER

400 g Suppenfleisch vom Rind mit Knochen
400 g Hähnchenschenkel mit Knochen
150 g Zwiebeln
50 g Petersilienwurzel
100 g Knollensellerie
50 g Karotten
50 g Lauchgrün
2 Lorbeerblätter
½ TL weiße Pfefferkörner
½ TL schwarze Pfefferkörner
Salz

2 l kaltes Wasser zusammen mit Suppenfleisch und Hähnchenschenkeln in einen Topf geben und aufkochen. Den sich bildenden Schaum mit einem Löffel abschöpfen.

Das gesamte Gemüse waschen, putzen, gegebenenfalls schälen, grob zerkleinern und zusammen mit den Gewürzen in den Topf füllen. Für mindestens 3 Stunden bei kleiner Hitze köcheln lassen.

Ein Küchensieb mit einem sauberen Küchentuch auslegen, auf einem Topf platzieren und die Brühe abseihen. Mit Salz abschmecken.

Wildbrühe

ERGIBT 1,5–2 LITER

1 kg Wildknochen und Parüren (Sehnen und Fleischabschnitte)
1 Karotte
1 Zwiebel
1 Petersilienwurzel
1 Lauch
50 g grüner Speck (nicht geräucherter Rückenspeck)
5 Wacholderbeeren
3 Pimentkörner
5 weiße Pfefferkörner
1 Nelke
2 Lorbeerblätter
Abrieb von 1 unbehandelten Bio-Orange
100 ml Rotwein
Salz

Wenn nötig, die Wildknochen klein hacken. Das Gemüse putzen und in Würfel schneiden.

Einen breiten Topf erhitzen und den Speck darin auslassen. Dann die Knochen und Fleischabschnitte hinzufügen und kräftig rösten. Sobald das Wild von allen Seiten gebräunt ist, das Gemüse zugeben und mitrösten.

In der Mitte den Topfboden etwas frei machen, die Gewürze sowie Orangenabrieb auf den Topfboden streuen und mit Rotwein ablöschen. Ist der Rotwein nahezu verdampft, mit 2 ½ l kaltem Wasser aufgießen, zum Kochen bringen und etwa 3 Stunden köcheln lassen. Gegebenenfalls aufsteigenden Schaum, Trübstoffe und Fett mit einem Löffel abschöpfen.

Die Brühe nach Geschmack salzen.

Krustentierbrühe

ERGIBT 1–2 LITER
600 g Krustentierschalen
(am besten den Fischhändler fragen)
50 ml Olivenöl
1 Karotte
2 Stangen Staudensellerie
2 Tomaten
2 Knoblauchzehen
1 Zwiebel
200 ml Weißwein

Die Krustentierschalen gegebenenfalls in Stücke teilen. Olivenöl in einem breiten Topf erhitzen und die Schalen darin scharf anbraten.

Das Gemüse putzen und in mittelgroße Stücke schneiden. Dann in den Topf geben und einige Minuten rösten. Mit Weißwein ablöschen. Anschließend mit 2 l kaltem Wasser auffüllen und zum Kochen bringen. 1–2 Stunden köcheln lassen.

Zum Schluss ein großes Küchensieb mit einem sauberen Küchentuch auslegen, auf einem Topf platzieren und die Brühe abseihen.

Fischbrühe

ERGIBT 2–3 LITER
300 g Fischkarkassen
(am besten den Fischhändler fragen)
50 g Karotten
50 g Zwiebeln
50 g Staudensellerie
50 g Lauch
1 Nelke
2 Lorbeerblätter
4 weiße Pfefferkörner
4 schwarze Pfefferkörner
Salz

Wenn vorhanden, die Kiemen von den Fischkarkassen entfernen. Anschließend die Karkassen in einer Schüssel etwa 15 Minuten wässern. Dann noch einmal gut unter Wasser abspülen. Das Gemüse putzen und grob zerkleinern.

Die Karkassen mit 3 l Wasser in einen Topf geben und langsam aufkochen lassen. Leicht köcheln und dabei den entstehenden Schaum abschöpfen. Nun das Gemüse und die Gewürze hinzufügen und 3 Stunden sieden lassen.

Wenn die Brühe etwas abgekühlt ist, ein Küchensieb mit einem sauberen Küchentuch auslegen, auf einem Topf platzieren und die Brühe abseihen. Bei Bedarf mit Salz abschmecken.

Frühling 22–65

fein und cremig

Wildkräutersuppe (Rezept S. 32)

Weiße Spargelsuppe (Rezept S. 36)

Spagotto – grüner Spargel, Morcheln und Spaghetti *(Rezept S. 50)*

Knoblauchsuppe mit Käse-Croûtons (Rezept S. 40)

Rhabarbersuppe mit Eischneenocken (Rezept S. 62)

Hollerküchle mit Wildbrühe und Quittengelee (Rezept S. 54)

Bärlauchsuppe mit Löffelspatzen

Der Bärlauch, der Frühlingsbote für deine Sinne. Mit ihm startet jedes Kräuterjahr in eine neue Runde und sein Auftritt ist einfach unverkennbar. Beim Schlendern durch die Wiesen steigt dir der Knoblauchduft schon in die Nase, bevor du seine grünen Blätter überhaupt entdeckst. Hier im Rezept kommt er frisch geschnitten und nur kurz in die Suppe – sein kräftiger Geschmack bleibt, ohne die lästige Knoblauchfahne. Und dazu noch Löffelspatzen, die schmecken nicht nur den Schwaben.

FÜR 4 PERSONEN

2 Bund Bärlauch mit Blüten
1 l Helle Grundsuppe (Rezept S. 11)

LÖFFELSPATZEN

2 Bio-Eier (Größe M)
100 g Weizenmehl (Type 405)
Mineralwasser
½ Brötchen
Salz
2 EL Butter

Für die Löffelspatzen Eier und Mehl mit einem Holzlöffel verrühren. So viel Mineralwasser zufügen, dass ein glatter Teig entsteht. Mindestens 10 Minuten ruhen lassen.

Den Bärlauch waschen, die Blüten heraussortieren und alles auf einem sauberen Küchentuch abtropfen lassen. Dann die Blätter in feine Streifen schneiden.

Die Grundsuppe erhitzen und einen Topf mit Wasser für die Löffelspatzen zum Kochen bringen.

Das Brötchen in kleine Würfel schneiden. Den Teig mit dem Holzlöffel kräftig aufschlagen, bis er Blasen wirft. Leicht salzen, Brötchenwürfel und einen kleinen Teil des geschnittenen Bärlauchs einrühren.

Das kochende Wasser kräftig salzen. Mit zwei Esslöffeln Nocken aus dem Teig formen und direkt ins Wasser geben. Etwa 5 Minuten garen, dann mit einem Schaumlöffel auf ein Blech setzen.

Den restlichen Bärlauch in die heiße Grundsuppe geben, aufkochen und 3 Minuten kochen lassen. Mit einem Stabmixer pürieren und nochmals abschmecken.

Die Butter in einer Pfanne aufschäumen lassen und die Löffelspatzen von allen Seiten goldbraun braten.

Die Suppe mit den Spatzen auf Teller geben und mit den Bärlauchblüten garnieren.

Wildkräutersuppe

Die jungen, zarten Kräuter des Frühlings sind mit ihren kräftigen Aromen kein Vergleich zu den »Standard«-Kräutern. Direkt aus der Natur auf deinen Teller. Selbstpflücken? Macht 'ne Menge Spaß! Und ist quasi ein Muss, da die Kräuter nicht lange frisch bleiben. Aber das Beste daran: Du kannst genau die Kräuter pflücken, die dir am besten taugen. Hier bringt die Vielfalt den Geschmack auf den Teller.

FÜR 4 PERSONEN

80 g gemischte Wildkräuter (z. B. Giersch, Klee, Gundermann, Sternmiere, Knoblauchsrauke, Reiherschnabel, Waldmeister, Schafgarbe, Taubnessel, strahlenlose Kamille, Gänseblümchen)
Backnatron
1 l Gemüsebrühe (Rezept S. 11)
50 g Butter
50 g Weizenmehl (Type 405)
100 ml Weißwein
Salz
100 g Sahne

Die Kräuter in Natronwasser waschen und auf einem Küchentuch abtropfen lassen. Die Blättchen von den Stängeln zupfen, die Stängel dabei aufbewahren. Ein paar Blüten und feine Blätter zur Dekoration beiseitelegen.

Die Gemüsebrühe in einen Topf füllen. Kräuterstängel hineingeben und einmal aufkochen, dann für mindestens 1 Stunde ziehen lassen. Anschließend durch ein Sieb in ein Gefäß abseihen.

Die Butter in einem Topf bei mittlerer Hitze aufschäumen lassen. Das Mehl hinzufügen und gut verrühren. Dann nach und nach und unter ständigem Rühren mit einem Schneebesen die Wildkräuterbrühe dazugießen. Weißwein zufügen und alles mit Salz abschmecken. Bei kleiner Hitze etwa 10 Minuten köcheln lassen.

Die Sahne leicht aufschlagen und die Kräuter fein schneiden. Kurz vor dem Servieren die Kräutermischung in die Suppe geben und mit dem Stabmixer fein pürieren.

Die Wildkräutersuppe auf Teller verteilen und mit Sahne und ein paar Blüten und Blättern garnieren.

Gierschsuppe mit Hanfsamen

Giersch wird oft als lästiges Unkraut abgestempelt. Vielleicht sprießt er auch bei dir im Garten, oder du bist ihm schon bei einem Spaziergang über den Weg gelaufen. Aber schau mal genauer hin – oder eher: schmeck mal genauer hin, denn da kommt seine wahre Pracht zum Vorschein. Die Gierschblätter entfalten beim Garen einen zarten, nussigen Geschmack. Und das Beste: Du kannst sie gratis in der Natur einsammeln.

FÜR 4 PERSONEN

160 g Giersch
Backnatron
4 EL geschälte Hanfsamen
80 g Butter, plus mehr nach Belieben
125 g junge Zwiebeln
Salz
1 EL Zitronensaft

Den Giersch in Natronwasser waschen.

Die Hanfsamen ohne Zugabe von Fett in einer Pfanne anrösten, bis sie duften. Anschließend in einem Mörser grob zerstoßen.

Die Butter in einem Topf bei kleiner Hitze zerlassen. Die Zwiebeln in feine Würfel schneiden und zusammen mit drei Vierteln des Gierschs einige Minuten weich schmoren. Die Mischung herausnehmen und grob hacken. Zusammen mit 1 l Wasser wieder in den Topf geben und zum Kochen bringen.

Den restlichen Giersch kurz in dem Sud blanchieren, in einem Sieb mit einem Löffelrücken ausdrücken und mit den Hanfsamen sowie etwas Salz in einer Schüssel vermengen.

Den Sud sorgfältig pürieren und mit Zitronensaft, Salz und eventuell noch einem Stück Butter abschmecken.

Weiße Spargelsuppe

Die Vorfreude auf die nächste Spargelsaison startet bei vielen schon im Winter. Bei mir ist es übrigens auch so. Historischer Fakt am Rande: Einst waren die weißen Stängel nur für die Adligen am Hofe, was zu seinem Titel »königliches Gemüse« führte. Zum Glück sind diese Zeiten passé, jetzt ist Spargel ein Vergnügen für alle. Diese Suppe ist ein echter Klassiker: leicht, samtig-cremig, mit einem Hauch Kerbel obendrauf.

FÜR 4 PERSONEN

1 unbehandelte Bio-Zitrone
600 g weißer Spargel
15 g Salz
15 g Zucker
25 g Butter
15 g Hartweizengrieß
100 ml Weißwein (nach Belieben)
2 Bio-Eigelb
150 g Sahne
1 Handvoll Kerbel

Die Zitrone halbieren und eine Hälfte in Scheiben schneiden.

Den Spargel gründlich waschen, putzen und schälen. Die Schalen mit 1,5 l Wasser, den Zitronenscheiben, Salz, Zucker und 10 g Butter in einem Topf aufkochen. Bei kleinster Hitze etwa 30 Minuten ziehen lassen.

Währenddessen die oberen zwei Drittel des Spargels in mundgerechte Stücke schneiden, den Rest in dünne Scheiben.

Die Spargelbrühe in einen Topf abseihen und die größeren Spargelstücke hineingeben. Garen, bis sie weich sind, dann mit einem Schaumlöffel herausheben und beiseitestellen. Restliche Butter und Grieß in einer kleinen Schale vermengen und in die Brühe rühren. Die feinen Spargelscheiben zugeben und alles 10 Minuten köcheln lassen.

Nun die Suppe nach Belieben mit dem Saft der übrigen Zitronenhälfte oder dem Weißwein abschmecken.

Die Eigelbe mit der Sahne verquirlen.

Den Topf vom Herd nehmen und die Suppe mit einem Pürierstab fein pürieren. Die Sahnemischung hinzugießen und mit dem Pürierstab Luft in die Suppe arbeiten, bis sich ein stabiler Schaum bildet.

Die Spargel-Einlage auf die Teller verteilen, mit Suppe übergießen und mit etwas Kerbel garnieren.

Indische Spinatsuppe mit Paneer

Die indische Küche? Ein gewaltiger Gewürz- und Aromen-Marathon. Da kannst du europäische Würzregeln einfach über Bord werfen – mehr ist hier mehr, wenn es um Geschmack geht. Denn es ist das Wild-Exotische, was die Indische Küche zum Gewürzhelden macht. Und in diesem Rezept machen wir sogar den Käse selbst. Die entstehende Molke? Die fließt später in die Suppe, alles hat seinen Plan. Das Endergebnis: Eine Suppe, die fast schon als Eintopf durchgeht.

FÜR 4 PERSONEN

PANEER (INDISCHER FRISCHKÄSE)

2 l Milch
2 EL weißer Essig
Saft einer ½ Bio-Zitrone

2 TL Koriandersaat
1 TL Kreuzkümmelsaat
1 TL Bockshornkleesaat
1 TL Garam Masala
700 g Blattspinat
200 g Zwiebeln
2 Knoblauchzehen
15 g frischer Ingwer
3 EL Butter
200 g Joghurt
Salz
2 EL Mandeln

Für den Paneer am Tag zuvor die Milch in einem Topf langsam zum Sieden bringen, dabei nicht kochen lassen. Essig und Zitronensaft vermengen und löffelweise in die Milch geben. Stetig rühren, bis sich der Käse von der Molke getrennt hat, dann von der Hitze nehmen. Ein Sieb mit einem sauberen Küchentuch auslegen, auf eine Schüssel setzen, abseihen und etwa 10 Minuten abtropfen lassen. Anschließend die Käsemasse mit dem Tuch vorsichtig ausdrücken. Den Käse gut in das Tuch einschlagen und mit Hilfe eines mittelgroßen rechteckigen Gefäßes zu einem Block formen. Auf einen Teller legen und mit einem schweren Gegenstand, beispielsweise einem Topf mit Wasser gefüllt, beschweren. Molke und Käse über Nacht in den Kühlschrank stellen.

Koriander-, Kreuzkümmel- und Bockshornkleesaat in einem Topf ohne Zugabe von Fett anrösten bis sie zu duften beginnen. In einem Mörser mit dem Garam Masala grob zerstoßen.

Spinat waschen und große Blätter grob zerkleinern. Zwiebel, Ingwer und Knoblauch schälen und fein würfeln. Die Butter in einer Pfanne zerlassen, Zwiebel, Ingwer und Knoblauch darin anbraten, bis die Zwiebel glasig ist. Die Gewürze zugeben und nach und nach den Spinat darin zusammenfallen lassen.

Den Käse aus dem Tuch wickeln und in Würfel schneiden. Die Mandeln grob hacken. Bei niedriger Temperatur Joghurt und ca. 500 ml Molke zum Spinat geben, mit Salz abschmecken. Vorsichtig den Käse unterheben, 5 Minuten ziehen lassen und mit grob gehackten Mandeln servieren.

Mairübchensuppe mit Croûtons und Salat

Mairübchen, so unterschätzt in der Küche, dabei haben sie echt mehr Aufmerksamkeit verdient. Ihr Duft und Geschmack erinnern an Kohlrabi, sie sind allerdings zarter und haben eine leichte Schärfe. (Aber nicht so scharf wie Rettich, obwohl sie fast gleich aussehen.) Von den Mairübchen kannst du alles verwerten. Hier im Rezept wird das frische Grün kurzerhand zum Salat. Süße Pastinaken, feine Mairübchen und der knackige Salat bringen ein wahres Geschmacksfeuerwerk an den Esstisch.

FÜR 4 PERSONEN

400 g Mairübchen mit Grün
300 g Pastinaken
100 g Zwiebeln
2 EL Butter
frisch geriebene Muskatnuss
weißer Pfeffer aus der Mühle
1,2 l Gemüsebrühe (Rezept S. 11)
Salz
Saft einer ½ Zitrone
½ Bund Schnittlauch
200 g Sahne
30 ml natives Olivenöl extra
6 EL Kräuter-Croûtons (Rezept S. 196)

Die Mairübchen vom Grün trennen. Mairübchen, Pastinake und Zwiebel schälen und grob würfeln. Die Butter in einem Topf zerlassen und das Gemüse leicht anschwitzen. Etwas Muskat und Pfeffer dazugeben, dann mit Gemüsebrühe aufgießen und mit Salz würzen. Zum Kochen bringen und 1 Stunde köcheln lassen.

Das Grün der Rübchen in grobe Streifen schneiden und in eine Schüssel geben. Salz, Pfeffer sowie Zitronensaft zugeben und durchmischen.

Den Schnittlauch waschen und in feine Ringe schneiden. Anschließend die Suppe mit einem Stabmixer pürieren, die Sahne zufügen und mit Salz abschmecken.

Olivenöl, Croûtons und Schnittlauch mit dem marinierten Grün vermengen. Die heiße Suppe in Schalen gießen und etwas vom Salat in die Mitte setzen. Mit 1 Prise Muskatnuss servieren.

Knoblauchsuppe mit Käse-Croûtons

Der Frühlingsknoblauch ist ziemlich sanft im Geschmack. Und wir confieren ihn mitsamt dem Grün erst in Butter und Olivenöl. Confieren bedeutet einfach, dass der Knoblauch so lange im Fett geschmort wird, bis er weich ist, aber nicht bitter wird. Langsam ist hier die Devise. Deine Geduld wird mit einem feinen Knoblauchöl belohnt. Das Öl kann prima im Kühlschrank aufbewahrt werden – für einen Hauch von Knoblauch auch in anderen Gerichten.

FÜR 4 PERSONEN

150 g junger Knoblauch mit Grün
50 g Butter
50 g Olivenöl
150 g Käse-Croûtons (Rezept S. 196)
1,2 l Helle Grundsuppe (Rezept S. 11)

Die Zehen des jungen Knoblauchs herauslösen und das Knoblauchgrün klein schneiden. Mit der Butter und dem Olivenöl in einen Topf geben und bei kleiner Hitze langsam weich werden lassen (confieren). Den Knoblauch nicht zu heiß werden lassen, er sollte kaum bräunen.

In der Zwischenzeit die Käse-Croûtons zubereiten und die Grundsuppe erhitzen.

Den confierten Knoblauch durch ein Sieb geben, dabei das Öl in einer Schüssel auffangen. Den Knoblauch der Grundsuppe zufügen und mit einem Stabmixer pürieren. Für ein noch feineres Ergebnis die Suppe gegebenenfalls durch ein Sieb seihen.

Mit Käse-Croûtons und Knoblauchöl servieren.

»Eine Suppe
die nicht mehr sein
möchte, als sie ist.«

Grüne Minestrone

Die Minestrone, ein echter italienischer Star, ist immer eine ehrliche, kräftige Mahlzeit, die dir alles auf den Teller bringt, was der Garten (oder Supermarkt oder Marktstand) so hergibt. Eine Suppe, die nicht mehr sein möchte, als sie ist. Das Gemüse gibt schließlich den Ton an. Minestrone ist eine recht leichte Mahlzeit, weil das Gemüse nur in Brühe gekocht wird. Aber durch die vielen Einlagen hinterlässt sie trotzdem keinen leeren Magen.

Die Mungobohnen über Nacht in reichlich Wasser einweichen. Am nächsten Tag die Bohnen abseihen, in einem Topf mit reichlich Wasser, 1 Knoblauchzehe und dem Lorbeerblatt ca. 20 Minuten weich kochen.

Währenddessen das Gemüse waschen und putzen. Den restlichen Knoblauch schälen und die Zehen halbieren, das Zwiebelgrün in Ringe schneiden. Nun das Gemüse so zerteilen, dass alles in etwa die gleiche Garzeit hat. Brokkoli in Röschen teilen, den Rosenkohl halbieren. Junge Mangoldblätter ganz lassen, größere Blätter grob zerteilen. Den Staudensellerie in Stifte schneiden und die Zuckerschoten von den Fäden befreien. Den Schwarzkohl von den Rispen ziehen und in grobe Stücke rupfen. Etwa 1 ½ l Wasser und 15 g Salz in einem Topf zum Kochen bringen und das Gemüse zusammen mit den Bohnen für ca. 10 Minuten kochen.

Nochmals mit Salz abschmecken und mit Olivenöl zu Tisch geben.

FÜR 4 PERSONEN

100 g getrocknete Mungobohnen
65 g Knoblauch
1 Lorbeerblatt
100 g Zwiebelgrün
200 g Brokkoli
150 g Rosenkohl
100 g Mangold
150 g Staudensellerie
120 g Zuckerschoten
200 g Schwarzkohl
Salz
natives Olivenöl extra zum Servieren

Pot au feu mit Vinaigrette und Gurken

Eigentlich ist das hier eine Rinderbrühe mit extra Fleisch. Wenn du das Ganze in größerer Menge zubereitest, gewinnst du noch mehr an Geschmack – je mehr Einlagen, desto kräftiger die Suppe. Du kannst den Eintopf einfach vor sich hin köcheln lassen, während sich die Aromen zu einem harmonischen Fest verbinden. Am Ende bekommst du zwei Gänge: Zuerst gibt es die klare Brühe mit ein bisschen Petersilie, danach kannst du das Fleisch und Gemüse genießen. So wird ein klassisches Familienessen draus, was nicht nur die Franzosen feiern. Einfach, aber einfach lecker.

FÜR 4 PERSONEN

1 kg gemischtes Rindfleisch (z. B. Rippe, Haxe, Schulter, Schwanz, Brust)
2 Knoblauchzehen
300 g Zwiebeln
100 g Karotten
100 g Lauch
200 g Knollensellerie
2 Lorbeerblätter
Salz

VINAIGRETTE

2 EL Dijon-Senf
3 EL Cornichon-Lake
40 ml natives Olivenöl extra

GARNITUR

½ Bund Petersilie
200 g Cornichons
schwarzer Pfeffer aus der Mühle
Fleur de Sel

Das Rindfleisch mit 4 l kaltem Wasser in einen Topf geben und aufkochen. Den aufsteigenden Schaum abschöpfen.

Währenddessen das Gemüse vorbereiten. Knoblauch, Zwiebel und Karotten schälen. Den Lauch der Länge nach halbieren und waschen. Sellerie schälen und in Spalten schneiden. Nach 2 Stunden das Gemüse, Lorbeer und etwas Salz zum Fleisch zugeben. 1 Stunde bei kleiner Hitze köcheln. Nach Ende der Garzeit die Knoblauchzehen aus dem Sud nehmen.

Für die Vinaigrette Senf, die weich gekochten Knoblauchzehen und Cornichon-Lake mit dem Olivenöl glatt rühren. Die Petersilie von den Stängeln zupfen und fein schneiden, die Cornichons in eine Servierschale geben.

Ist das Gemüse weich, in einem separaten Topf mit etwas Brühe warm halten. Ebenso das Fleisch.

Die restliche Brühe durch ein Sieb gießen und in einem Topf auffangen, nochmals aufkochen und abschmecken.

Zuerst die Brühe mit frisch gemahlenem Pfeffer und Petersilie servieren. Im zweiten Gang das gekochte Gemüse und Fleisch zusammen mit Vinaigrette, Fleur de Sel und Cornichons reichen.

Erbsensuppe mit Buttermilchschaum

Die besten Erbsen wachsen ganz klar im eigenen Garten … aber du findest sie natürlich auch auf dem Bauernmarkt um die Ecke. Die ersten Erbsen der Saison bringen nicht nur den Frühling auf den Tisch, sie schmecken auch am besten. Die Vorfreude auf diese grün leuchtende Frühlingssuppe steigt schon beim Erbsenpulen – nimm dir ruhig etwas Zeit dafür. Die Geduld zahlt sich aus: Am Ende wirst du nicht nur mit einer genialen Suppe belohnt, sondern findest auch Entspannung.

FÜR 4 PERSONEN

Salz
1,6 kg frische Erbsen mit Schale
75 g Butter
Zucker
500 ml Buttermilch
50 g Sahne

Einen Topf mit 2 l Wasser zum Kochen bringen und kräftig salzen. Die Erbsen pulen und die Schoten 30 Minuten im Salzwasser auskochen. Durch ein Sieb abgießen, dabei die Flüssigkeit auffangen.

Anschließend die Butter im selben Topf aufschäumen lassen. Die Erbsen darin anschwitzen, 2 TL Zucker zugeben, mit der Erbsenbrühe aufgießen. 10 Minuten kochen. Ein paar der Erbsen mit einem Schaumlöffel aus dem Topf holen und zum Garnieren aufheben. 300 ml Buttermilch in den Topf geben, dann mit einem Stabmixer fein pürieren und die Suppe warm halten.

Die restliche Buttermilch mit der Sahne und jeweils 1 Prise Salz und Zucker aufschlagen. Die Suppe nochmals abschmecken.

Erbsen und Suppe in tiefe Teller verteilen und mit Buttermilchwolken servieren.

Zitronensuppe mit Quarkklößchen

Johann Wolfgang von Goethe hat in einem berühmten Gedicht die Sehnsucht und Faszination vieler Menschen für Italien perfekt eingefangen. Es startet mit den Worten: »Kennst du das Land, wo die Zitronen blühn.« Zwischen Winter und Frühling, wenn die Zitronen in Italien in Hochform sind, träume ich schon vom nächsten Urlaub im Süden. Wenn es dir genauso geht, dann serviert dir diese Suppe schon mal einen Vorgeschmack auf sommerliche Leichtigkeit: frisch, fein und dennoch intensiv.

FÜR 4 PERSONEN

150 g weiße Zwiebeln
100 g rote Zwiebeln
150 g Petersilienwurzeln
150 g Fenchel
60 g Butter
3 unbehandelte Bio-Zitronen
30 g Zucker, plus mehr zum Abschmecken
Salz

QUARKKLÖSSCHEN
½ Vanillestange
125 g Quark (20 %)
1 Bio-Eigelb
ca. 55 g Weizenmehl (Type 405)
Salz
Zucker

Das Gemüse putzen, Zwiebeln und Petersilienwurzel schälen. Die weiße Zwiebel, Petersilienwurzel und den Fenchel in grobe Würfel schneiden.

Butter in einem Topf aufschäumen, das geschnittene Gemüse zugeben und anschwitzen. Von zwei Zitronen die Schale abreiben, dann mit einem Messer schälen, das Fruchtfleisch würfeln und die Kerne entfernen. Schale sowie Fruchtfleisch zum Gemüse geben und mit 1 ½ l Wasser auffüllen. Zum Kochen bringen und 1 Stunde köcheln lassen.

Für die Quarkklößchen die Vanillestange der Länge nach aufschneiden und das Mark herauskratzen. Quark, Eigelb, Mehl und Vanillemark mit je 1 Prise Salz und Zucker vermengen.

Einen Topf mit Salzwasser zum Sieden bringen. Inzwischen ein Probe-Quarkklößchen formen und im siedenden Wasser gar ziehen lassen. Wenn das Klößchen auseinanderfällt, noch etwas Mehl unter die Teigmasse rühren. Dann tischtennisballgroße Klößchen rollen und ca. 7 Minuten im siedenden Wasser ziehen lassen. Nach Ende der Garzeit mit einem Schaumlöffel aus dem Topf holen und bis zum Anrichten beiseitestellen.

Die rote Zwiebel vierteln und den Strunk entfernen. Die übrige Zitrone in dünne Scheiben schneiden. 30 g Zucker und 5 EL Wasser in einem Topf aufkochen und Zwiebeln sowie Zitronen bei kleiner Hitze kochen, bis der Zucker beginnt sich zu verfärben. Die Suppe mit einem Stabmixer fein pürieren, mit Salz und wenn nötig etwas Zucker abschmecken.

Die Suppe auf tiefe Teller aufteilen, einige Quarkklößchen in die Teller setzen, mit einer Scheibe der karamellisierten Zitrone und einigen roten Zwiebeln garnieren.

Spagotto – grüner Spargel, Morcheln und Spaghetti

Wenn der Frühling noch nicht in seiner vollen Pracht strahlt, aber der Winter langsam das Feld räumt, ist diese Suppe ein Highlight. Die Zubereitung hat etwas von Risotto, und die Nudeln bringen eine leichte Cremigkeit in die Suppe. Das feine Aroma der Morcheln harmoniert bestens mit dem grünen Spargel. Außerdem haben sie nur eine kurze Saison. Also, auf zum Gemüsehändler!

FÜR 4 PERSONEN

100 g Morcheln
1 Stängel Liebstöckel
4 Stängel Minze
150 g grüner Spargel
3 rote Frühlingszwiebeln
1 Karotte
60 ml Olivenöl, plus mehr zum Servieren
200 g dünne Spaghetti
100 ml weißer Portwein
100 ml Weißwein
Salz und schwarzer Pfeffer aus der Mühle

Die Morcheln putzen und große Exemplare vierteln oder halbieren. Liebstöckel und Minze von den Stängeln zupfen, in grobe Streifen schneiden und beiseitestellen. Die Spargelenden abschneiden und gegebenenfalls das untere Ende mit einem Sparschäler schälen. Die Frühlingszwiebeln und die Karotte putzen, dann schräg in Scheiben schneiden.

Das Olivenöl in einer großen Pfanne oder einem flachen Topf erhitzen. Spargel zugeben und 3 Minuten von allen Seiten braten, danach herausnehmen. Frühlingszwiebeln, Karotte und Spaghetti in das heiße Öl geben und wie bei einem Risotto immer wieder kleinere Mengen Wasser zugießen, hierfür etwa 1,8 l Wasser in einem Gefäß bereitstellen. Zuerst mit Port- und Weißwein aufgießen, mit Salz und etwas Pfeffer würzen und einkochen lassen. Dann ein paar Kellen des Wassers zufügen und unter Rühren köcheln, bis die Flüssigkeit aufgenommen wurde. Diesen Vorgang wiederholen, bis die Nudeln langsam weich werden. Anschließend Spargel und Morcheln unterheben. Nach und nach Wasser zugeben und gut verrühren, dabei immer wieder die Bissfestigkeit der Nudeln überprüfen. Sie sollten »al dente« sein, bissfest, aber beim Zerteilen ohne weißen Kern in der Nudelmitte. Nochmals mit Salz und Pfeffer abschmecken.

Auf tiefen Tellern verteilen und mit den Kräutern und einigen Tropfen Olivenöl servieren.

Lammeintopf mit Bohnen

Dieses Gericht bringt einen Hauch von Griechenland auf den Tisch. Bei grünen Bohnen ist Bohnenkraut ein Muss, finde ich. Die griechische Alternative? Oregano! Und der spielt hier die Hauptrolle. Sein kräftiges Aroma bringt eine gewisse Schärfe ins Spiel. Als knusprige Beilage gibt's frittierte Kartoffelschalen. Pommes oder Kartoffelschnitze in all ihren Varianten sind aus Griechenland, Italien oder Frankreich nicht wegzudenken. Das Ganze ergibt ein deftiges Osterfestessen, das nicht nur den Bauch, sondern auch das Herz erwärmt.

FÜR 4 PERSONEN

1 Lammstelze (ca. 400 g)
100 g getrocknete weiße Riesenbohnen
150 g Drillinge
150 g Zwiebeln
2 unbehandelte Bio-Zitronen
200 g breite Bohnen
Salz
schwarzer Pfeffer aus der Mühle
Frittierfett
natives Olivenöl extra

MARINADE

4 Stängel Oregano
4 Knoblauchzehen
½ Chilischote
2 Lorbeerblätter
Abrieb von ½ unbehandelten Bio-Zitrone
Salz und schwarzer Pfeffer aus der Mühle
30 ml Olivenöl

Das Fleisch vom Knochen schneiden und den Knochen bis zur weiteren Verarbeitung im Kühlschrank aufbewahren.

Für die Marinade die Oreganoblätter von den Stängeln zupfen, den Knoblauch schälen und fein hacken, die Chili fein würfeln. Das Lammfleisch mit Oregano, Knoblauch, Chili, Lorbeer, Zitronenabrieb, 1 Prise Salz und Pfeffer und Olivenöl einreiben. In eine Schüssel geben und über Nacht abgedeckt im Kühlschrank marinieren lassen. Die Riesenbohnen über Nacht in reichlich Wasser einweichen.

Die Drillinge waschen und schälen, die Schalen und Kartoffeln in einer Schüssel mit Wasser bedecken.

Die Zwiebeln schälen und in Würfel schneiden. Dann die Riesenbohnen abgießen. Zwiebeln und Bohnen zusammen mit Fleisch und Knochen in einen großen Topf geben. Mit 1,2 l Wasser auffüllen und zum Kochen bringen. Abgedeckt etwa 1 ½ Stunden köcheln lassen.

Währenddessen 1 Zitrone mit einem Küchenmesser abschälen. Den Stielansatz der breiten Bohnen entfernen und in große Rauten schneiden. Die Drillinge aus dem Wasser holen. Nun den Deckel vom Topf nehmen, die geschälte Zitrone, die breiten Bohnen, etwa 10 g Salz, Pfeffer und die Kartoffeln zugeben und gar kochen.

Währenddessen die Kartoffelschalen abgießen und mit einem sauberen Küchentuch trocken tupfen. Auf einem Backblech einige Lagen Küchenpapier auslegen. Das Frittierfett in einem tiefen Topf auf 160 °C erhitzen und darin die Schalen ca. 3 Minuten vorfrittieren. Mit einem Schaumlöffel auf das Küchenpapier geben und abtropfen lassen. Sobald die Schalen etwas abgekühlt sind, das Fett auf 180 °C erhitzen, die Schalen hineingeben und knusprig frittieren. Wieder auf Küchenpapier abtropfen lassen und salzen. Die übrige Zitrone in Spalten schneiden.

Den Eintopf mit den knusprigen, heißen Kartoffelschalen, einer Zitronenspalte und einigen Tropfen Olivenöl servieren.

Hollerküchle mit Wildbrühe und Quittengelee

Kurz vor dem Sommer-Start steht der Maibock auf vielen Speisekarten im Restaurant. Gleichzeitig blüht der Holunder für eine kurze Zeit so richtig auf. In dieser Suppe verschmelzen die beiden Frühsommerboten zu einem Wechselbad der Geschmäcker: Salzig trifft süß. Herb trifft blumig. Kräftig trifft zart knusprig. Ich möchte diese Suppe ja nicht »abgefahren« nennen – aber Alltagsessen ist sie sicherlich auch nicht.

FÜR 6–8 PERSONEN

1 l Wildbrühe
Salz (nach Belieben)
geklärte Butter
8–10 Holunderblütendolden mit Stiel
Quittengelee zum Servieren

BACKTEIG

1 Bio-Ei (Größe M)
100 g Hartweizengrieß
20 g Speisestärke
100 ml Weißwein
Salz
Zucker

Den Backteig am besten einige Stunden vor dem Servieren zubereiten. Dafür das Ei trennen. Grieß, Stärke, Eigelb, Weißwein und etwas Salz zu einem glatten Teig verrühren und an einem kühlen Ort einige Stunden ruhen lassen.

Danach das Eiweiß mit je 1 Prise Salz und Zucker sehr steif aufschlagen und unter den Teig heben.

Die Brühe in einem Topf bei kleiner Hitze um etwa ein Drittel reduzieren. Eventuell mit Salz abschmecken.

In einer hohen Pfanne reichlich geklärte Butter bei mittlerer Temperatur erhitzen. Das Fett hat die richtige Temperatur, wenn sich um einen Tropfen Teig Bläschen bilden. Je eine Holunderdolde sorgfältig durch den Backteig ziehen, dabei am Stiel festhalten, und in das heiße Fett legen. Dabei immer wieder mit flüssiger Butter übergießen und falls nötig wenden. Die Dolde auf Küchenpapier abtropfen lassen. So fortfahren, bis alle Holunderblüten frittiert sind.

Die Brühe auf tiefe Teller verteilen und jeweils eine Holunderblütendolde hineinsetzen, sodass der Stiel senkrecht nach oben steht. Mit ein paar Klecksen Quittengelee garnieren.

Risi-Bisi-Suppe

Risi-Bisi, das bedeutet auf Italienisch so viel wie »risi e bisi«, also Reis und Erbsen. Früher war es ein heiß geliebter Klassiker, hat aber schon zu Zeiten unserer Eltern einen kleinen Imageknacks abbekommen. Lag vermutlich daran, weil viele keine frischen Erbsen verwendet haben. Ich bin aber überzeugt, dass dieser Klassiker eine zweite Chance verdient hat. Außerdem: Kinder lieben dieses schnelle Gericht. Unsere Version ist eher ein Mix aus Suppe und Risotto – nicht zu flüssig, nicht zu fest, einfach genau richtig.

FÜR 4 PERSONEN

600–800 g frische Erbsen mit Schale
4 Frühlingszwiebeln
20 g Butter
140 g Risottoreis
100 ml Weißwein
40 g Butter
80 g Parmesan
Salz
2 Stängel Minze

Die Erbsen pulen und die Frühlingszwiebeln putzen. Alle Schalen und Abschnitte in 1 ½ l Wasser aufkochen und abgedeckt 30 Minuten köcheln lassen.

Die Butter in einem breiten, flachen Topf mit möglichst dickem Boden aufschäumen lassen. Die Frühlingszwiebeln in Ringe schneiden, in die Pfanne geben und weich dünsten. Den Reis zugeben, gut vermengen und stets in Bewegung halten, damit er nicht am Topfboden anhaftet.

Mit dem Weißwein ablöschen und weiterrühren. Sobald die Flüssigkeit aufgesaugt ist, nach und nach und unter ständigem Rühren jeweils eine Kelle der heißen Schalenbrühe hinzufügen. Nach etwa 10 Minuten die Erbsen dazugeben.

So lange Brühe nachgießen, bis der Reis bissfest ist (das dauert ca. 20–25 Minuten). Restliche Brühe zugießen, sodass eine Suppe entsteht. Nochmals aufkochen, dann von der Hitze nehmen und Butter sowie Parmesan einrühren.

Mit Salz abschmecken und mit frisch abgezupften Minzblättern garnieren.

Hochzeitssuppe

Die Zahl Sieben ist hierzulande oft eine Glückszahl. Deshalb tischen wir in unserer Hochzeitssuppe auch sieben verschiedene Einlagen auf. Klar, auf den ersten Blick mag das nach 'ner Menge Arbeit aussehen. Aber du kannst einiges im Voraus vorbereiten und einfrieren. Wenn es dann so weit ist, warten die Einlagen und die Suppe nur darauf, aus dem Tiefkühlfach befreit zu werden. Die Vielfalt an Einlagen macht die Suppe zu einem wahren Geschmacksfest. Und du kannst die Suppe auch ohne Hochzeit gebührend feiern.

FÜR 4 PERSONEN

3 l Rinderbrühe, plus mehr zum Erhitzen (Rezept S. 16)
1 Karotte
4 Stängel krause Petersilie
frisch geriebene Muskatnuss
schwarzer Pfeffer aus der Mühle

EINLAGE

4 Leberknödel (Rezept S. 194)
4 Grießnocken (Rezept S. 195)
100 g Flädle (Rezept S. 195)
4 Markklößchen (Rezept S. 201)
4 Butterklößchen (Rezept S. 198)

Die Rinderbrühe aufkochen und mindestens um ein Drittel reduzieren.

Die Karotte schälen, halbieren und schräg in Scheiben schneiden. In der Brühe gar kochen. Die Petersilie von den Stängeln zupfen und fein schneiden.

In einem Topf etwas Brühe erhitzen und die Einlagen darin erwärmen, dabei nicht kochen lassen.

Etwas Muskat und Pfeffer in Suppenschalen streuen, die Einlagen gleichmäßig verteilen. Mit der reduzierten heißen Brühe übergießen und mit Petersilie bestreuen.

Nudelsuppe mit Erbsen und Karotten

Obwohl diese Suppe für Kinder gedacht ist, zaubert sie auch den Erwachsenen ein Lächeln ins Gesicht. Die Karotte bringt eine natürliche Süße mit, die Erbse hat einen leicht nussigen Touch. Erbsen sind einfach der Hit bei den Kleinen. Vielleicht, weil sie bei jedem Biss so schön ploppen und knacken. Und wenn die Karotten als Herzchen oder Blumen in der Suppe schwimmen, strahlen sowohl Kinder- als auch Erwachsenenaugen. Selbst wenn du längst nicht mehr klein bist, können hier schöne Erinnerungen aufkommen. Nudelsuppe geht schließlich immer.

FÜR 4 PERSONEN

1 Zwiebel
2 Karotten
4 Stängel Petersilie
1 EL Butter
100 g Erbsen
100 g Suppennudeln
1 l Gemüse- oder Hühnerbrühe (Rezept S. 11, 15)

Die Zwiebel schälen und fein würfeln. Die Karotten schälen und in Blumen- oder Herzform schnitzen. Für Blumen der Länge nach mit einem Zestenreißer vier bis fünf Keile heraustrennen, dann in Scheiben schneiden. Für Herzen mit einem kleinen scharfen Messer der Länge nach eine schräg angesetzte Kerbe schneiden. Aus der Kerbe die oberen Rundungen des Herzes schneiden. Mit einem Sparschäler auf beiden Seiten Streifen abschälen, damit die untere Herzspitze entsteht. Anschließend in Scheiben schneiden.

Petersilienblätter von den Stängeln zupfen. Dann die Butter in einem Topf aufschäumen lassen, Zwiebeln, Karotten und Erbsen kurz darin anschwitzen. Die Nudeln und Petersilie zugeben, mit der Brühe aufgießen und zum Kochen bringen. Je nach Nudelsorte 5–10 Minuten kochen.

Leicht abgekühlt servieren.

Chinesische Acht-Schätze-Suppe

Weiter geht's mit der Glückszahl Acht. Doch diesmal verschlägt es uns nach China. Dass die Olympischen Spiele in Peking am 08.08.2008 eröffnet wurden, war kein Zufall. Übrigens, du kannst die Suppe gut vorbereiten. Die Suppe ist einfach, aber die Sojasauce gibt ihr eine gewisse Intensität. Strohpilze wachsen in Asien auf Reisstroh – daher der Name. In Deutschland sind sie leider rar. Ein guter Ersatz? Shiitake-Pilze, absolut empfehlenswert.

FÜR 4 PERSONEN

Salz
250 g Glasnudeln
2 Knoblauchzehen
15 g frischer Ingwer
1 EL Zucker
3 TL geröstetes Sesamöl
4 EL Sojasauce
4 EL Reisessig
100 g Frühlingszwiebel
100 g Karotten
100 g Pak Choi
150 g Tofu
100 g Strohpilze oder gemischte Zuchtpilze
Chili-Essig zum Servieren (Rezept S. 207)

Salzwasser in einem Topf zum Kochen bringen. Die Glasnudeln 2 Minuten darin kochen, durch ein Sieb abseihen und mit kaltem Wasser abschrecken.

Knoblauch und Ingwer schälen, dann zu einer Paste verarbeiten. Dafür beides sehr fein schneiden, den Zucker darüberstreuen und dann mit dem Messerrücken immer wieder entlang des Schneidebretts quetschen. Die Paste in eine Schüssel geben, mit Sesamöl, Sojasauce und Reisessig verrühren.

1,2 l Wasser in einem Topf zum Kochen bringen. Währenddessen das Gemüse putzen und gegebenenfalls schälen. Die Frühlingszwiebeln in Ringe, die Karotten in feine Scheiben und den Pak Choi in Streifen schneiden. Den Tofu würfeln.

Sobald das Wasser kocht, das Gemüse sortenweise bissfest blanchieren. Das Gemüse jeweils mit einem Schaumlöffel aus dem Wasser holen, unter kaltem Wasser abschrecken und beiseitestellen. Die Pilze putzen. Anschließend zusammen mit der Würzsauce in den Topf geben und 5 Minuten kochen.

Die Glasnudeln auf tiefe Teller verteilen, mit dem Gemüse und Tofu garnieren und mit der heißen Brühe übergießen. Dazu passt Chili-Essig.

Rhabarbersuppe mit Eischneenocken (kalt)

Manche Frühlingstage schenken uns warme Sonnenstrahlen, andere nerven mit Dauerregen. Aber ob Sonne oder Regen, diese süße Rhabarbersuppe bringt gute Laune auf deinen Teller. Du kannst sie warm oder kalt essen, als Nachmittagssnack, Zwischengang oder Dessert – wie du Lust und Hunger hast. Sauer macht ja bekanntlich lustig, und die strahlend-blauen Vergissmeinnicht-Blüten steigern die Laune noch mal extra.

FÜR 4 PERSONEN

½ unbehandelte Bio-Zitrone
1 Beutel Schwarztee von guter Qualität
1 Beutel Himbeertee von guter Qualität
600 g Rhabarber
200 g TK-Himbeeren (oder frische, wenn vorhanden)
130 g Puderzucker
Salz
1 Bio-Eiweiß
400 ml Milch
½ Tonkabohne
1 Handvoll Vergissmeinnicht-Blüten zum Garnieren

Die Zitronenhälfte in Scheiben schneiden und zusammen mit den Teebeuteln mit 400 ml kochendem Wasser überbrühen. Den Schwarztee rechtzeitig entfernen, damit er nicht bitter wird. Das aromatisierte Wasser beiseitestellen.

Den Rhabarber putzen und in ca. 4 cm lange Rauten schneiden. Zusammen mit den Himbeeren auf einem tiefen Blech verteilen und mit 100 g Puderzucker und 1 Prise Salz vermischen. 1 Stunde ziehen lassen, anschließend den Backofen auf 160 °C (Ober-/Unterhitze) vorheizen.

Ein Stück Alufolie auf die Form legen, gut andrücken und alles etwa 15 Minuten im Ofen schmoren. Je nach Sorte und Größe des Rhabarbers variiert die Garzeit; er sollte weich sein, aber nicht zerfallen. Herausnehmen und abgedeckt noch etwa 20 Minuten ruhen lassen.

Das Eiweiß mit dem restlichen Puderzucker zu einem sehr steifen Eischnee schlagen.

Die Milch zusammen mit der gehackten Tonkabohne in einen flachen Topf geben und erhitzen (nicht kochen).

Mit zwei Teelöffeln kleine Eischnee-Nocken formen und vorsichtig in die Milch setzen. Etwa 3 Minuten abgedeckt ziehen lassen, dann zum Abtropfen auf ein Gitter setzen.

Etwa 200 ml ausgetretenen Rhabarber-Himbeer-Sirup aus dem Blech abmessen und mit dem Tee verrühren. Die Flüssigkeit auf tiefe Teller verteilen. Geschmorten Rhabarber und Schneenocken hineinsetzen und mit Vergissmeinnichtblüten dekorieren.

Weinschaum und Gundermanneis

Gundermann, auch als Gundelrebe bekannt, hat eine faszinierende Geschichte. Schon bei den Germanen war er ein Star unter den Heilpflanzen, und heute findet man ihn fast überall in Europa. Das Aroma ist einfach einzigartig, ein bisschen wie Minze oder Lakritz. Hier in unserem Gundermanneis werden die Blätter verwendet. Wenn du eine Eismaschine hast, dann ist jetzt der richtige Moment sie auszupacken – cremiger wird das Eis nicht! Das leicht herbe Gundermanneis ist ein perfekter Partner für eine klassische Zabaione. Ein frisches Dessert-Duo!

FÜR 4 PERSONEN

GUNDERMANNEIS
40 g Zucker
1 Scheibe einer unbehandelten Bio-Zitrone
40 g Gundermann
200 g griechischer Joghurt

WEINSCHAUM
2 Bio-Eigelbe (ca. 40 g)
25 g Zucker
200 ml Weißwein

SERVIEREN
Schlagsahne

Für das Eis Zucker, 4 EL Wasser und die Zitronenscheibe in einem Topf verrühren und zu einem Sirup einkochen.

Die Gundermannblätter von den Stängeln zupfen und in einen hohen Becher geben. Den heißen Zuckersirup darübergießen (die Zitronenscheibe zuvor entfernen) und etwa 5 Minuten mit dem Pürierstab pürieren. Den Joghurt hinzufügen und nochmals durchmixen, dann für mindestens 2 Stunden im Kühlschrank kalt stellen.

In der Eismaschine frieren.

Für den Weinschaum Eigelbe und Zucker in einer Rührschüssel schaumig aufschlagen. Die Schüssel über einem Wasserbad erhitzen und nach und nach und unter ständigem Schlagen mit dem Schneebesen den Wein hinzugießen. Wenn die Masse warm ist, die Schüssel von der Hitze nehmen und zum Abkühlen noch etwas weiterrühren.

Die lauwarme Weinschaumsuppe auf Teller verteilen und mit geschlagener Sahne sowie je einer Kugel Gundermanneis servieren.

Sommer
66–113

aromatisch und erfrischend

Gazpacho Andaluz (Rezept S. 81)

Maissuppe (Rezept S. 89)

Misosuppe (Rezept S. 95)

Louisiana Gumbo *(Rezept S. 104)*

Zucchinisuppe mit gebackenen Apfelringen (Rezept S. 109)

Erdbeersuppe mit Maisnocken (Rezept S. 111)

Tomaten-Brot-Suppe mit Pecorino-Creme

Tomaten im Sommer: herrlich. Jetzt entfalten sie ihr bestes Aroma. Mit diesem bodenständigen Gericht holst du dir ein bisschen Italien nach Hause. Die Suppe ist zudem fix gemacht. Eingelegtes Brot sorgt für die Bindung, die Pecorino-Creme macht alles samtig. Und wenn man noch den Oregano zwischen den Fingern verreibt, kommen die Geschmäcker des Sommers zusammen.

FÜR 4 PERSONEN

PECORINO-CREME
40 g Pecorino
125 g Schafjoghurt
30 ml natives Olivenöl extra

BROTWÜRFEL
200 g Weißbrot
4 Knoblauchzehen
100 ml Olivenöl

1,2 kg Eiertomaten
Salz
70 ml natives Olivenöl extra

2 Stängel getrockneter Oregano

Pecorino reiben, mit Joghurt und 30 ml Olivenöl in einer Schüssel verrühren.

Das Weißbrot in kleine Würfel schneiden, den Knoblauch schälen und halbieren. 100 ml Olivenöl in einer Pfanne erhitzen, Brot und Knoblauch darin knusprig rösten.

Einen Topf mit 1 l Wasser zum Kochen bringen. Die Tomaten kreuzweise einritzen, in das kochende Wasser setzen, kurz blanchieren. Mit einem Schaumlöffel herausheben und in einer Schüssel mit kaltem Wasser abschrecken. Das Kochwasser währenddessen warm halten. Die Haut mit einem kleinen Messer abziehen, dann die Tomaten vierteln und die Kerne herausschneiden. Kerne und Schalen zurück ins Wasser geben und köcheln lassen. Die Tomatenviertel in Würfel schneiden. Die Brühe salzen und mit einem Stabmixer pürieren. Durch ein feines Sieb seihen, die Flüssigkeit dabei in einem Topf auffangen. Die Tomatenwürfel zur Tomatenbrühe geben, das restliche Olivenöl hineingießen, aufkochen lassen und mit Salz abschmecken.

Brotwürfel auf Teller verteilen, mit der heißen Suppe übergießen und einen Löffel Pecorino-Creme daraufsetzen. Den Oregano zwischen den Fingern reiben und auf der Suppe verteilen.

Tomatenbrühe mit Pfiffer-Omelett

Pfifferlinge haben nur eine kurze Saison. Also wenn sie da sind, solltest du sie in ihrer besten Verfassung verarbeiten. Die Kombination aus Tomatenbrühe, Pilzen und Eiern ist vielleicht eher ungewöhnlich, ergänzt sich aber wunderbar zu einem leichten Sommeressen. Probier es aus und lass es dir schmecken!

FÜR 4 PERSONEN

500 ml Tomatenbrühe
(Rezept S. 15)
4 Bio-Eier (Größe M)
200 g Pfifferlinge
100 g Schalotten
schwarzer Pfeffer aus der Mühle
50 g Butter
Salz

Die Tomatenbrühe sollte zimmer- oder lauwarm sein. Wenn nötig, die Tomatenbrühe in einem Topf leicht erwärmen.

Die Eier in einer Schüssel aufschlagen und mit einer Gabel verquirlen. Die Pfifferlinge putzen und größere Exemplare halbieren oder vierteln. Die Schalotten schälen und fein würfeln.

Eine Pfanne erhitzen und die Pfifferlinge ohne Zugabe von Fett etwa 5 Minuten anbraten, dabei mehrmals wenden. Mit Pfeffer würzen und etwa die Hälfte der Butter zugeben. Wenn die Butter geschmolzen ist, die Schalotten hinzufügen. Sobald die Schalotten glasig sind, die Eiermasse salzen und über die Pilze gießen. Die Hitze reduzieren und langsam braten, bis die Eiermasse etwa bis zur Mitte gestockt ist. Die restliche Butter stückchenweise am Pfannenrand entlang schmelzen lassen und das Omelett mit einem Pfannenwender von Boden und Rand lösen. Mit einem beherzten Schwung wie einen Pfannkuchen wenden und noch 1 Minute fertig braten. Anstelle der Flugwende kann man die Pfanne auch abdecken und das Omelett mit einem Pfannenwender wenden, wenn es ganz gestockt ist.

Das Omelett in Stücke teilen und mit der frischen Tomatenbrühe servieren.

Klassische Tomatencremesuppe

Dieses Gericht ist Kathis Oma zu verdanken. Der Weg von ihrer Terrasse zu den frischen Tomaten im Garten war kurz und Tomaten gehören einfach zum Sommer. Wir machen eine ganz klassische Suppe aus diesen Paradiesäpfeln. Paradiesäpfel – das sagt doch schon alles. Dieses Gericht ist eine Hommage an den Sommerurlaub bei den Großeltern.

FÜR 4 PERSONEN

2 Knoblauchzehen
300 g Zwiebeln
½ Chilischote
100 ml Olivenöl
1 kg Tomaten
Salz
Zucker (nach Belieben)
100 g Sahne
Basilikumblätter zum Garnieren

Knoblauch sowie Zwiebeln schälen und in Würfel schneiden. Die Chilischote entkernen.

Olivenöl in einem Topf erhitzen und die Zwiebeln darin glasig dünsten. Knoblauch und Chili zugeben und immer wieder umrühren. Nach etwa 5 Minuten die Tomaten in den Topf geben, aufkochen und dann abgedeckt auf kleinster Stufe 45 Minuten köcheln lassen. Die Suppe mit einem Stabmixer pürieren, mit Salz und je nach Geschmack mit Zucker abschmecken.

Die Sahne in einer Schüssel halbsteif schlagen. Die Suppe auf Teller verteilen, mit einem Klecks Sahne und Basilikumblättern servieren.

Gazpacho Andaluz (kalt)

Sommer, Sonne, Hitze, Spanienurlaub. Da hat niemand Lust auf heiße Suppe. Gazpacho wird kalt gegessen. Wirklich kalt. Gerade an warmen Tagen ein super Mittagessen. Ich lege gerne noch eine schöne, fleischige Tomate mit hinein. Zusammen mit Gurke und Paprika sorgt die Mischung für das besonders frische Aroma.

Zuerst die Tomaten häuten. Dafür einen Topf Wasser zum Kochen bringen, die Haut der Tomaten kreuzweise einritzen und für einige Sekunden darin blanchieren. Aus dem Topf holen und direkt in eine Schüssel mit kaltem Wasser geben. Nun lässt sich die Haut einfach abziehen.

Das Weißbrot für wenige Minuten in kaltem Wasser einweichen, dann ausdrücken. Rote Paprika und Chilischote von Stielansatz und Samen befreien. Den Knoblauch schälen. Gehäutete Tomaten, rote Paprika und die Hälfte der Chili zusammen mit Salz, Zucker und Rotweinessig in einen Mixer geben und zu einer Suppe pürieren. Dabei tröpfchenweise Olivenöl dazugeben. Nochmals abschmecken und anschließend im Kühlschrank kalt werden lassen.

Währenddessen die Einlage vorbereiten. Hierfür die beiden Paprikahälften und die Gurke entkernen und zusammen mit der restlichen Chili in feine Würfel schneiden. Die Zwiebel schälen und ebenfalls fein würfeln. Die Fleischtomate längs in zwei dicke Scheiben schneiden und jeweils halbieren. Das Gemüse ebenfalls kalt stellen.

Die Suppe sehr kalt servieren, eine Tomatenscheibenhälfte in die Mitte setzen, einen großen Löffel Gemüsesalat darübergeben und anschließend mit Olivenöl und Fleur de Sel zu Tisch geben.

FÜR 4 PERSONEN

900 g Tomaten
70 g Weißbrot
1 Chilischote
350 g rote Paprika
3 Knoblauchzehen
Salz
1 TL Zucker
4 EL Rotweinessig
50 ml natives Olivenöl extra

EINLAGE

75 g gelbe Paprika
75 g grüne Paprika
100 g Gurke
1 rote Zwiebel
1 große Fleischtomate
natives Olivenöl extra
Fleur de Sel

Ajo blanco – spanische Mandelsuppe (kalt)

Wieder eine kalte Suppe, ähnlich der Gazpacho, und eine Variante der Brotsuppe. Aber durch die Mandeln bekommt sie einen ganz anderen Gehalt. Die süßen Feigen und die Zimt-Croûtons machen die Suppe zu etwas ganz Besonderem. Diese Suppe hat fruchtige Noten, Süße und Säure.

FÜR 4 PERSONEN

300 g altbackenes Weißbrot
5 Knoblauchzehen
200 g geschälte Mandeln
100 ml Weißweinessig
150 ml natives Olivenöl extra
ca. 500 ml Gemüsebrühe (Rezept S. 11)
Salz
100 g (Käse-)Croûtons (Rezept S. 196, Käse dabei durch 2 TL Zimtpulver ersetzen)
4 Feigen

Das Weißbrot in etwas Wasser einweichen, dann ausdrücken. Den Knoblauch schälen, mit den Mandeln, dem Essig sowie Brot pürieren und nach und nach das Olivenöl einarbeiten. Die Masse sollte hierbei der Konsistenz von Mayonnaise ähneln. Weiter mixen und langsam die Gemüsebrühe zugeben. Mit Salz abschmecken und danach für einige Stunden in den Kühlschrank stellen. Falls die Suppe bis zum Servieren noch nachdickt, mit Brühe oder etwas Wasser verdünnen.

Währenddessen die Croûtons zubereiten.

Die Feigen waschen und vierteln.

Suppe in gekühlte Schalen geben, mit Feigen und Croûtons garnieren.

Paprikasuppe

Während meiner Zeit in München habe ich mit einem sizilianischen Koch zusammengearbeitet und viel über seine Heimat gelernt. Diese Suppe ähnelt einer Peperonata. Die Paprika entfaltet ihr volles Aroma, wenn sie in ihrem eigenen Saft kocht. Je besser die Zutaten, desto besser das ganze Gericht. Kapern, schwarze Oliven, Balsamico – das bringt dir das südlichste Italien nach Hause.

FÜR 4 PERSONEN

2 EL Kapern in Salz
2 gelbe Paprika
2 rote Paprika
2 Zwiebeln
2 Knoblauchzehen
1 unbehandelte Bio-Zitrone
2 EL schwarze Oliven in Öl
4 Stängel Basilikum
4 Stängel Petersilie
2 EL Balsamico-Essig
500 ml Gemüsebrühe (Rezept S. 11)
Salz
Brotchips (Rezept S. 201)

Die Kapern wässern. Hierfür in eine kleine Schüssel mit Wasser geben. Nach 10 Minuten das Wasser abgießen und mit frischem Wasser auffüllen. Nochmals etwa 1 Stunde stehen lassen.

Paprika vierteln, entkernen und in Streifen schneiden. Zwiebeln und Knoblauch schälen und ebenfalls in Streifen schneiden. Die Zitrone mit einem Sparschäler abschälen, dann die Schale in feine Streifen schneiden.

Eine Pfanne mit etwas Öl der eingelegten Oliven erhitzen, die Paprika und Zwiebeln zufügen und braten. Sind die Zwiebeln glasig, den Knoblauch zugeben. 30 Minuten schmoren lassen, dabei immer wieder umrühren.

In der Zwischenzeit die Kapern in einem Sieb abgießen. Die Kräuter von den Stängeln zupfen und schneiden. Kapern, Kräuter, Oliven, Essig und Zitronenschale zum Paprikagemüse geben und mit der Brühe aufgießen. Aufkochen und 10 Minuten köcheln lassen, mit Salz abschmecken, dann von der Hitze nehmen und mindestens 10 Minuten ruhen lassen.

Mit etwas dicker geschnittenen, warmen Brotchips servieren.

Japanische Gurkensuppe mit Fischtatar (kalt)

Etwas ganz Leichtes für einen heißen Sommertag. Wichtig ist, die Basis mit Gurken, Reisessig, Miso und Ingwer lange zu pürieren, damit du ein wunderbar grünes Gurkenwasser erhältst. Ich tendiere zum Meeresfisch, da dieser schon eine leicht salzige Note mitbringt. Aber es passt auch jeder Süßwasserfisch.

FÜR 4 PERSONEN

800 g Gurke
1 unbehandelte Bio-Limette
40 g frischer Ingwer
50 ml Reisessig
2 EL Shiro Miso
160 g fangfrischer Fisch
½ TL weiße Sesamsamen
1 Knoblauchzehe
4 TL Saiblingskaviar
1 TL Traubenkernöl
1 Frühlingszwiebel
Fleur de Sel zum Servieren

Die Gurken waschen und von Blüten- und Stielansatz befreien. Einige sehr dünne Scheiben für später hobeln, den Rest in grobe Stücke teilen. Von der Limette die Schale abreiben und den Saft auspressen. Ingwer schälen und reiben.

Die Gurke mit Reisessig, 150 ml Wasser, Zeste und Saft der halben Limette, dem Shiro Miso und 30 g geriebenem Ingwer in einem Mixer ca. 5 Minuten fein pürieren. Etwa 20 Minuten ruhen lassen.

Ein Küchensieb mit einem sauberen Küchentuch auslegen, auf eine Schüssel legen und die Brühe abseihen. Danach kalt stellen.

Den Fisch filetieren, entgräten und von der Haut ziehen. Das Filet in gleich große Würfel schneiden und in eine Schüssel geben.

Weiße Sesamsamen in einer Pfanne leicht rösten. Den Knoblauch reiben und mit dem restlichen Ingwer, der übrigen Limettenzeste, dem Saiblingskaviar, dem abgekühlten Sesam und dem Traubenkernöl vermengen. Über den Fisch gießen und ca. 10 Minuten marinieren lassen.

Die Frühlingszwiebel längs in feine Streifen schneiden und in eine Schüssel mit kaltem Wasser legen, bis sie sich kräuseln.

Die Suppe mit dem Fisch und den gehobelten Gurken anrichten, mit Frühlingszwiebel und Fleur de Sel servieren.

Gurkenkaltschale (kalt)

Diese klassische kalte Gurkensuppe verkörpert alles, was man sich unter einem Sommergericht vorstellt: Frische, Aromen, Leichtigkeit. Für den Geschmack sind vor allem Dill und Borretsch verantwortlich. Boretsch wird nicht umsonst als Gurkenkraut bezeichnet. Da haben zwei zueinander gefunden, die einfach zusammengehören. Unbedingt verwenden!

FÜR 4 PERSONEN

500 g Gurke
1 Knoblauchzehe
1 Bund Dill
1–2 Boretsch-Blätter
Salz
250 g Sauerrahm
150 ml Milch
½ unbehandelte Bio-Zitrone
2 cl Wodka
2 TL Honig
1 TL grober Senf

Die Gurken waschen, Stiel- und Blütenansatz entfernen. Von einer halben Gurke die Schale in breiten Streifen abschälen und zur weiteren Verarbeitung aufbewahren. Anschließend die Gurken der Länge nach aufschneiden und mit einem Löffel entkernen und in grobe Stücke teilen.

Den Knoblauch schälen, Dillspitzen von den Stängeln zupfen und Boretsch-Blätter fein schneiden. Gurken, Knoblauch, 30 g Dillspitzen, Boretsch und 1 kräftige Prise Salz in einem Mixer 5 Minuten pürieren. Sauerrahm und Milch zugeben, durchmischen und nach Belieben mit Salz abschmecken. Kalt stellen.

Die Zitrone möglichst breit mit dem Sparschäler abschälen, sodass nichts Weißes an der Zeste bleibt.
Die Gurkenschale und Zeste diagonal in feine Streifen schneiden. Wodka, Honig und Senf in einer Schüssel verrühren, Gurken- und Zitronenschale damit marinieren und mit Salz abschmecken.

Die kalte Suppe mit einem großzügigen Löffel der Zesten-Gurken-Mischung und einigen Dillspitzen servieren.

Maissuppe

In Japan gibt es japanische Küche und japanische Küche mit westlichem Einfluss. Diese Maissuppe gehört in die zweite Kategorie. Sie ist so beliebt, dass sie in Japan sogar in Tetra Paks angeboten wird. Wir machen sie natürlich selber.

FÜR 4 PERSONEN

50 g weiße Zwiebeln
4 Maiskolben
100 g Butter,
plus mehr zum Servieren
schwarzer Pfeffer
aus der Mühle
600 ml Hühnerbrühe
(Rezept S. 15)
300 ml Milch
2 EL Weizenmehl (Type 405)
1–2 TL Zucker
Salz

Die Zwiebel schälen und in Streifen schneiden. Von 3 Maiskolben die Körner lösen. Hierfür den Kolben mit der Spitze nach oben auf ein rutschfestes Brett stellen und mit einem scharfen Messer die Körner von oben nach unten abschneiden.

50 g Butter in einem Topf aufschäumen und die Zwiebel darin glasig dünsten. Die abgelösten Maiskörner hinzufügen. Mit Pfeffer würzen, und bevor der Mais Farbe annimmt, mit der Hühnerbrühe ablöschen. Etwa 30 Minuten köcheln lassen.

Milch und Mehl mit dem Pürierstab in einer Schüssel zu einer glatten Masse verarbeiten und unter kräftigem Rühren in die kochende Suppe geben. Nochmals 15 Minuten köcheln lassen.

Eine Pfanne erhitzen und mit Zucker, Pfeffer und Salz ausstreuen. Den übrigen Maiskolben und die restliche Butter zugeben und von allen Seiten anbräunen.

Den Maiskolben der Länge nach vierteln. Die Suppe abschmecken, auf tiefe Teller verteilen, mit dem gerösteten Mais sowie einer Butterflocke servieren.

Rote Minestrone

Die Zutaten für diese rote Minestrone sind recht klassisch, die Zubereitung ist aber alles andere als gewöhnlich. Die roten Nudelnester, die in der Brühe sitzen, und das dunkel geröstete Gemüse erinnern uns an laue Sommernächte am Lagerfeuer.

FÜR 4 PERSONEN

NUDELTEIG
150 g Hartweizengrieß, plus mehr zum Ausrollen
70 ml Rote-Bete-Saft

300 g rote Paprika
300 g Tomaten an der Rispe
2 rote Chilischoten
200 g rote Zwiebeln
800 ml Tomatenbrühe
Salz
3 Stängel rotes Basilikum
natives Olivenöl extra zum Servieren

Aus Hartweizengrieß und Rote-Bete-Saft einen Nudelteig herstellen. Dafür beides miteinander vermengen und etwa 10 Minuten lang zu einem elastischen Teig kneten. In Folie einwickeln und 30 Minuten ruhen lassen. Dann nochmals durchkneten, in Folie wickeln und weitere 30 Minuten ruhen lassen.

Den Ofen auf 220 °C (Oberhitze) vorheizen. Die Paprika halbieren und entkernen, danach mit der Hautseite nach oben auf ein Backblech legen. Tomaten und Chili im Ganzen, rote Zwiebeln halbiert mit Schale auf das Blech geben und im Ofen ca. 25 Minuten rösten, bis die Haut dunkel wird und Blasen wirft. Tomaten und Chili eventuell vor der Paprika und den Zwiebeln herausnehmen. Etwas abkühlen lassen und die Häute von Paprika, Tomaten und Zwiebeln entfernen. Paprika in Stücke teilen, Zwiebelhälften nochmals halbieren und zusammen mit den Tomaten und Chilis in die Tomatenbrühe geben. Nun ein paar Esslöffel der Brühe auf das Backblech geben, um die Röststoffe vom Blech zu lösen. Ebenso zur Brühe gießen.

Die Arbeitsplatte mit Grieß bestreuen und den Nudelteig mit einem Nudelholz sehr dünn ausrollen. Den ausgerollten Teig mit reichlich Grieß bestreuen und nicht zu fest aufrollen. Mit einem scharfen Messer dünne Streifen von der Rolle schneiden, dann mit den Fingern etwas auflockern, damit sich die Streifen lösen. Einen Topf mit Wasser zum Kochen bringen, kräftig salzen und die Nudeln 1–2 Minuten »al dente« garen.

Die Tomatenbrühe einmal aufkochen und mit Salz abschmecken. Basilikumblätter von den Stängeln zupfen.

Nudelnester in den Tellern verteilen, die Brühe mit dem Gemüse darübergeben. Mit ein paar Tropfen Olivenöl und Basilikumblättern servieren.

Karottensuppe

Die einfachsten Sachen sind oft die besten. Lange wusste ich Karotten nicht zu schätzen. Aber wer mag keinen fein geriebenen Karottensalat oder ein gut gekochtes Karottengemüse? Hier kommt nun die Karotte pur. Durch das langsame Braten in Butter wird die Süße der Karotte verstärkt. Auf den Punkt gegart liegen sie hier in einer samtigen Suppe.

FÜR 4 PERSONEN

700 g bunte Karotten
100 g Butter
Salz
Zucker
1 Macis (Muskatblüte)

Die Karotten schälen und in etwas dickere Scheiben schneiden. Die Butter in einer großen, schweren Pfanne aufschäumen lassen und die Karotten darin, ohne dass sie braun werden, anschwitzen. 800 ml Wasser abmessen und bereitstellen. Je 1 TL Salz und Zucker zu den Karotten geben und immer wieder mit etwas Wasser ablöschen. Bei mittlerer Hitze schmoren, bis die Karotten gerade weich sind.

Etwa ein Drittel der Karotten aus der Pfanne nehmen und bis zum Servieren in einem Topf warm halten. Die restlichen Karotten mit dem aromatischen Buttersaft und dem übrigen Wasser aufkochen. Dann in einen Mixbecher geben und pürieren, mit Salz abschmecken.

Macis in einem Mörser fein zerstoßen. Das heiße, mit Butter überzogene Gemüse in tiefe Teller geben, die Karottenbrühe angießen und mit je 1 Prise Macis bestreuen.

Okroschka – polnische kalte Suppe

Diese kalte Suppe kommt aus Polen, aber es gibt auch in anderen osteuropäischen Ländern viele Varianten davon. Ganz wichtig: die Salzgurken. Sie werden im Prinzip fermentiert, ähnlich wie Sauerkraut. In der Lake entfalten sie ihr ganz spezielles Aroma. Mit all den anderen Zutaten zauberst du ein deftiges, erfrischendes Sommergericht auf den Tisch. Eine runde Sache.

FÜR 4 PERSONEN

2 Bio-Eier (Größe M)
100 g Gurke
60 g Salzgurke, plus 100 ml Salzgurkenlake
100 g Radieschen, plus 1 Radieschen zum Garnieren
35 g Frühlingszwiebeln
60 g Kasseler oder Bratenreste
250 g Kefir
150 g Molke
200 g Buttermilch
Salz
Leinöl zum Servieren

WÜRZPASTE

30 g frischer Dill
10 g frischer Meerrettich
1 EL Senf

Die Eier 9 Minuten hart kochen, abschrecken und schälen. Danach halbieren und die Eigelbe für die Garnitur beiseitelegen. Die Eiweiße in feine Würfel schneiden. Die Gurke längs halbieren und mit einem Löffel entkernen. Die Gurke, Salzgurken, Radieschen, Frühlingszwiebel und Kasseler getrennt voneinander in feine Würfel schneiden.

Für die Würzpaste den Dill von den Stängeln zupfen. Die Stiele zerkleinern und mit dem Meerrettich im Mörser zu einer Paste verarbeiten. Den Senf unterrühren.

Die Dillspitzen, bis auf einige zum Garnieren, fein schneiden. Das Eiweiß mit je 1 EL des geschnittenen Gemüses vermengen.

Den Rest des Gemüses mit dem Kasseler, den Milchprodukten und der Salzgurkenlake verrühren, mit Salz abschmecken und kalt stellen.

Die Suppe mit je einem halben Eigelb und einem großen Löffel Ei-Gemüse-Mischung servieren. Mit einigen Dillspitzen, 1 TL Würzpaste, ein paar feinen Scheiben Radieschen und einigen Tropfen Leinöl garnieren.

Misosuppe

In Japan wird Misosuppe auch zum Frühstück gegessen. Die Kombination aus der Dashi-Brühe und dem Miso bringen eine salzige Süße, und der Tofu, die Algen und die Frühlingszwiebeln abwechslungsreiche Konsistenzen in die Schale. Wenn die Misosuppe in einem Restaurant schmeckt, kann man ziemlich sicher sein, dass auch alles andere köstlich sein wird. Je einfacher ein Gericht, desto leichter ist es, etwas falsch zu machen.

FÜR 4 PERSONEN

1 Blatt Kombu (Seetang; aus dem Asialaden)
1 Frühlingszwiebel
100 g Seidentofu
1 Handvoll Katsuobushi (Bonitoflocken; aus dem Asialaden)
1 EL Algenmix (z. B. aus Wakame und Nori)
4 EL helle Misopaste

600 ml Wasser aufkochen und ein ca. 10 cm x 10 cm großes Stück Kombu zugeben. Vom Herd nehmen und etwa 1 Stunde ziehen lassen. Die Frühlingszwiebel in feine Ringe schneiden und den Tofu vorsichtig in mundgerechte Würfel teilen.

Kombu entfernen, den Sud aufkochen und Katsuobushi zufügen, von der Hitze nehmen. Nach etwa 3 Minuten abseihen und die Brühe dabei auffangen. Den Algenmix und die Misopaste in die Brühe rühren.

Tofu und Frühlingszwiebeln auf Schalen verteilen und mit heißer Brühe aufgießen.

Tom Yam Gung Suppe

Diese Suppe ist wahrscheinlich das berühmteste Thai-Gericht und ein wahrer Exportschlager aus Thailand. Sie zählt zu meinen absoluten Favoriten. Hier passt alles: süß, sauer, scharf. Galgant, Knoblauch, Chili, Tamarinde, Koriander, Zitronengras, Kaffir-Limettenblätter – das ist der Geschmack Thailands, der Körper und Geist belebt.

FÜR 4 PERSONEN

300 g Garnelen
60 g Zitronengras
20 g frische Galgantwurzel
15 g Knoblauch
50 g Schalotten
1 Bund Koriandergrün mit Wurzel
60 ml Fischsauce
5 Kaffir-Limettenblätter
1 grüne Thaichili
60 ml Limettensaft
1 TL Tamarindenpaste

Zuerst die Garnelen schälen. Hierfur den Körper mit den Fingern festhalten und durch eine Drehbewegung vom Kopf abziehen. Die Schale mit den Fingern von der Unterseite her rundherum, von der Kopfseite beginnend, ablösen. Die Beine ablösen und das letzte Schalenglied mit der Schwanzspitze am Körper lassen. Den Rücken mit einem Messer der Länge nach vorsichtig einschneiden. Den dunklen Darm mit der Messerspitze entfernen. Bis zur Weiterverarbeitung Garnelenfleisch, -schalen und -köpfe kühl lagern.

Die Spitzen vom Zitronengras großzügig abschneiden und die äußeren Schichten entfernen. Mit dem Messerrücken anklopfen. Die Galgantwurzel in feine Scheiben schneiden, Knoblauch und Schalotten schälen und in Streifen schneiden. Die Korianderwurzeln so vom Grün abtrennen, dass noch etwas von den Stielen an der Wurzel bleibt. Die Korianderwurzeln putzen und Blätter von den Stängeln zupfen.

Die Garnelenschalen und -köpfe in einen heißen Topf geben und mit 800 ml kaltem Wasser aufgießen. Aufkochen lassen und die Brühe durch ein Sieb in einen Topf abseihen.

Die Brühe wieder auf den Herd stellen und zum Kochen bringen. Zitronengras, Galgant, Fischsauce, Kaffir-Limettenblätter, Knoblauch, die ganze Chilischote, Korianderwurzel und Schalotten hinzufügen. 5 Minuten sprudelnd kochen lassen. Garnelen, Limettensaft und Tamarindenpaste in die kochende Suppe geben und vom Herd nehmen.

Mit einigen Korianderblättern bestreut in tiefen Tellern servieren.

Soba mit Auberginen-Tempura (kalt)

Wir sind wieder in Japan. Während eines Praktikums hatte ich zwei japanische Kolleginnen. Uns verbindet die große Liebe zum Kochen, und ich freue mich über jeden Austausch mit ihnen – auch für dieses Rezept. Buchweizennudeln sind hierzulande eher ungewöhnlich. In Japan werden normalerweise die Brühe und die Nudeln (auf Bambusgittern) separat serviert. Aber warum nicht kombinieren? Allein die frittierten Auberginen und Saubohnen – ein wunderbares Spiel der Konsistenzen.

Ein etwa postkartengroßes Stück Kombu zusammen mit den Sardinen in einem Topf mit 1 l kaltem Wasser über Nacht in den Kühlschrank stellen. Am nächsten Tag den Kombu entfernen und den Sud aufkochen. Das Katsuobushi hinzugeben und etwa 5 Minuten köcheln lassen. Je 1 Prise Salz und Zucker zufügen, vom Herd nehmen und 1 Stunde ziehen lassen. Die Brühe durch ein Sieb geben, die Flüssigkeit auffangen und mit Sake, Mirin und Sojasauce abschmecken. Kalt stellen.

Die Soba-Nudeln in gesalzenem Wasser nach Packungsanweisung garen. Die Frühlingszwiebeln in feine Ringe schneiden und beiseitestellen. Die Saubohnen palen, blanchieren, leicht abkühlen und aus der Haut drücken.

Für das Tempura aus dem Ei, 150 ml kaltem Wasser und dem Mehl einen glatten Teig rühren. Die Aubergine putzen und der Länge nach in Spalten schneiden. Das Frittieröl in einem ausreichend hohen Topf auf etwa 180 °C erhitzen. Es sollte auf keinen Fall zu rauchen beginnen. Die Auberginenspalten durch den Teig ziehen, sodass sie gleichmäßig umhüllt sind. Im heißen Fett gleichmäßig ausbacken. Zum Abtropfen auf Küchenpapier geben und mit Salz, Togarashi und Sesamöl würzen.

Die Nudeln auf tiefe Schalen verteilen und mit den Frühlingszwiebeln garnieren. Die kalte Brühe, Bohnen und Auberginen-Tempura dazureichen.

FÜR 4 PERSONEN

1 Blatt Kombu (Seetang; aus dem Asialaden)
12 getrocknete Sardinen (aus dem Asialaden)
1 Handvoll Katsuobushi (Bonitoflocken; aus dem Asialaden)
Salz
Zucker
50 ml Sake
100 ml Mirin
100 ml Sojasauce
180 g Soba-Nudeln
4 Frühlingszwiebeln
15 frische Saubohnen in der Schale

AUBERGINEN-TEMPURA

1 Bio-Ei (Größe M)
100 g Weizenmehl (Type 405)
1 Aubergine
Öl zum Frittieren
Salz
Togarashi (aus dem Asialaden)
Sesamöl

Tsukemen Ramen – Ramen-Nudeln zum Tunken (Rezept S. 102)

Tsukemen Ramen – Ramen-Nudeln zum Tunken (kalt)

Das Rezept haben wir Freunden aus Wien zu verdanken. Dass die beiden gut kochen konnten, wussten wir schon immer. Aber als sie uns ihre Cold Dipping Ramen serviert haben, wussten wir, dass diese kalte Variante der Nudelsuppe einen Platz in unserem Buch bekommen muss. Ein klasse Sommergericht, das satt und süchtig macht.

FÜR 4 PERSONEN

EINGELEGTE EIER
4 Bio-Eier (Größe M)
4 EL Schwarzteeblätter

DASHI-BRÜHE
1 Blatt Kombu (Seetang; aus dem Asialaden)
½ Handvoll Katsuobushi (Bonitoflocken; aus dem Asialaden)

ERDNUSSSAUCE
50 ml Mirin
50 ml Sojasauce
50 ml Erdnussöl
125 g Erdnussbutter mit Stücken

Am Tag zuvor die Eier 8 Minuten hart kochen, in kaltem Wasser abschrecken und schälen. Aus den Schwarzteeblättern einen kräftigen Schwarzteesud kochen und die Eier zufügen. Über Nacht abgedeckt ziehen lassen.

Für die Dashi-Brühe 300 ml Wasser und ein postkartengroßes Stück Kombu in eine Schüssel geben, ebenso über Nacht ziehen lassen.

Am nächsten Tag den Kombu-Sud in einen Topf abseihen und aufkochen. Katsuobushi zugeben und 5 Minuten kochen. Von der Hitze nehmen und weitere 5 Minuten ziehen lassen. Durch ein Sieb in eine Schüssel abseihen und auskühlen lassen.

In der Zwischenzeit für die Erdnusssauce Mirin, Sojasauce und Erdnussöl in einer Schüssel miteinander verrühren. Dashi-Brühe und Erdnussbutter zufügen und eine dünnflüssige Sauce anrühren.

Die Rippchen von der Silberhaut befreien und in vier Portionen teilen. In einem Topf ½ l Wasser aufkochen, die Rippchen zufügen und zum Kochen bringen. Währenddessen die Tomaten grob zerteilen. Die Zwiebel und den Knoblauch schälen und grob würfeln. Alles zu den Rippchen geben. Nach etwa 1 Stunde Garzeit Mirin, Sojasauce, Honig, Sesamöl sowie Pfeffer zugeben und ohne Deckel weiter schmoren. Das Gemüse soll zerfallen, die Rippchen noch gerade so am Knochen halten. Wenn nötig, etwas Wasser nachgießen. Die Marinade darf aber andicken und karamellisieren.

In einem Topf Salzwasser zum Kochen bringen. Inzwischen die grünen Bohnen von den Stielenden befreien, bei den Zuckerschoten die Fäden ziehen. Bohnen sowie Zuckerschoten im kochenden Wasser bissfest blanchieren. Mit einem Schaumlöffel aus dem Wasser holen und unter kaltem Wasser abschrecken. Den Spinat waschen und ebenfalls im Salzwasser blanchieren, dann in ein Sieb zum Abtropfen geben. Nun die Frühlingszwiebeln längs in feine Streifen schneiden und in eine Schüssel mit kaltem Wasser legen, bis sie sich kräuseln. Die Garnelenschwänze mit Schale halbieren und den Darm entfernen.

Die Rippchen in einzelne Stücke teilen und in die heiße Marinade legen. Die Erdnusssauce in einem Topf erwärmen.

Reichlich Salzwasser in einem Topf zum Kochen bringen und die Ramen-Nudeln nach Packungsanleitung zubereiten. In einem Sieb abseihen und mit kaltem Wasser abschrecken.

Die eingelegten Eier halbieren. In einer sehr heißen Pfanne die Garnelen ohne Zugabe von Fett auf der Schalenseite grillen, bis sie durchgegart sind. Erdnusssauce in kleine Schälchen aufteilen.

Nudeln auf breite Schalen verteilen, Spinat, Bohnen, Zuckerschoten, Frühlingszwiebeln, die halbierten Eier, Rippchen und eine Garnele darauf drapieren. Mit jeweils einem Schälchen Kimchi und einem Schälchen Erdnusssauce servieren.

RIPPCHEN

600 g Schweinerippchen
3 Tomaten
1 rote Zwiebel
5 Knoblauchzehen
40 ml Mirin
70 ml Sojasauce
2 EL Honig
40 ml geröstetes Sesamöl
schwarzer Pfeffer aus der Mühle

EINLAGE

Salz
160 g grüne Bohnen
100 g Zuckerschoten
200 g junger Blattspinat
3 Frühlingszwiebeln
4 Garnelen
800 g Ramen-Nudeln

SERVIEREN

160 g Kimchi

Louisiana Gumbo

Ein Eintopf wie die Südstaaten – laut, bunt, energiegeladen, reichhaltig. Okraschoten, Garnelen, scharfe Würste, Gemüse, Gewürze, Wein – ein Feuerwerk für den Gaumen.

FÜR 4 PERSONEN

DUNKLE MEHLSCHWITZE
100 g Butter
100 g Weizenmehl (Type 405)

150 g weiße Zwiebel
5 Knoblauchzehen
150 g grüne Paprika
150 g Staudensellerie
100 g Chorizo
100 g geräucherte Bratwurst
12 Garnelen
1 l Hühnerbrühe (Rezept S. 15)
150 ml Rotwein
5 Lorbeerblätter
400 g passierte Tomaten (aus der Dose)
250 g Datteltomaten
400 g Okraschoten
150 g Frühlingszwiebeln
2 EL Cajun-Gewürzmischung
Salz
80 g Reis

Als Erstes eine dunkle Mehlschwitze herstellen. Dafür, am besten in einem schweren Topf, die Butter aufschäumen lassen. Das Mehl zugeben und bei kleiner Hitze unter ständigem Rühren 30–40 Minuten rösten. Wenn die Mehlschwitze eine leicht dunkle Farbe bekommen hat, vom Herd nehmen.

Zwiebel und Knoblauch schälen, die Paprika von Kernen und Stielansatz befreien und den Staudensellerie waschen. Alles fein würfeln. Die Chorizo und geräucherte Bratwurst in 1 cm dicke Scheiben schneiden.

Einen großen Topf auf mittlerer Stufe erhitzen und die Würste ohne Zugabe von Fett scharf anbraten. Aus dem Topf nehmen und bis zur weiteren Verarbeitung in eine Schüssel geben. Die Garnelen etwa 30 Sekunden von jeder Seite braten. Zu den Würsten legen. Das gewürfelte Gemüse kurz im ausgetretenen Fett anrösten. Die Mehlschwitze zufügen und nach und nach die Hühnerbrühe einrühren. Aufkochen lassen, dann Würste, Rotwein, Lorbeerblätter und passierte Tomaten hinzugeben und 1 Stunde köcheln.

Datteltomaten, Okraschoten und Frühlingszwiebeln putzen. Die Datteltomaten vierteln, Okraschoten in dicke, die Frühlingszwiebeln in dünne Ringe schneiden. Die Frühlingszwiebeln bis zum Servieren beiseitestellen. Tomaten, Cajun-Gewürzmischung, 1 EL Salz und Okraschoten in den Eintopf geben und weiter köcheln lassen.

Den Reis in einen Topf geben, so viel Wasser zugießen, dass der Reis mit 1 cm Wasser bedeckt ist. Bei starker Hitze aufkochen lassen. Wenn der Reis zu kochen beginnt, den Deckel auflegen und die Hitze reduzieren. 12 Minuten kochen, dann vom Herd nehmen und noch mindestens 10 Minuten ruhen lassen.

Die Garnelen in den Eintopf geben und nochmals kurz aufkochen lassen.

Einen großen Löffel Reis auf jeden Teller geben und die Garnelen gleichmäßig auf die Teller aufteilen. Den Eintopf in die Teller schöpfen und mit den Frühlingszwiebeln zu Tisch geben.

Ratatouille-Suppe

Unsere Ratatouille-Suppe besteht aus dem, was der Garten im Hochsommer hergibt. Dazu ein Stück Brot, Kartoffeln oder ohne alles – und der Genuss kann beginnen. Ich denke dabei an Frankreich, wo ich schon als Kind immer war. Bei Ratatouille rieche ich Thymian und Rosmarin – ein Ausflug in den Süden!

FÜR 4 PERSONEN

3 Knoblauchzehen
100 g Zwiebeln
500 g Aubergine
1 kg Tomaten
150 g grüne Paprika
200 g rote Paprika
300 g Zucchini
150 ml Olivenöl
Salz
schwarzer Pfeffer aus der Mühle
1 Bund Thymian
3 Zweige Rosmarin
500 ml Gemüsebrühe (Rezept S. 11)

Knoblauch und Zwiebeln schälen. Das Gemüse waschen und putzen. Die Aubergine und Tomaten in Würfel schneiden. Zwiebel und Paprika in Streifen schneiden. Die Zucchini, je nach Größe, vierteln oder halbieren und in dicke Scheiben schneiden. Den Knoblauch in feine Scheiben schneiden.

Eine große Pfanne stark erhitzen und die Auberginen hineingeben. Reichlich Olivenöl sowie 1 kräftige Prise Salz und Pfeffer darübergeben und von allen Seiten anbraten. Dann auf ein Backblech legen.

Wieder Öl in die heiße Pfanne träufeln und die Zucchini anbraten. Thymian von den Zweigen zupfen und zusammen mit Knoblauch und etwas Salz und Pfeffer hinzufügen, leicht bräunen lassen. Ebenfalls auf dem Blech platzieren.

Nun die Paprika und Zwiebeln mit ausreichend Öl in die Pfanne geben und etwa 10 Minuten rösten. Rosmarin von den Zweigen zupfen, fein schneiden und mit etwas Pfeffer der Paprika zufügen, immer wieder schwenken. Die Tomaten unterrühren und 10 Minuten bei starker Hitze einkochen lassen. Gelegentlich umrühren. Das gebratene Gemüse und die Brühe zugeben, 15 Minuten köcheln und mit Salz abschmecken. Heiß oder kalt genießen.

Blaubeer-Preiselbeer-Suppe

Ist dir auch schon mal aufgefallen, dass Blaubeeren und Preiselbeeren zur selben Zeit im Sommer nebeneinander im Wald reif sind? Kein Wunder, denn beide gehören zur Gattung der Heidelbeere. Die Blaubeere ist süß, die Preiselbeere eher herb. Warum nicht also beide kombinieren?

Blaubeeren sowie Preiselbeeren waschen und sortieren. Mit dem Zucker in einen Topf geben, einige Male durchmengen und 1 Stunde ziehen lassen.

Die Vanillestange der Länge nach aufschneiden, das Mark auskratzen und mit der Stange in den Topf geben. Rotwein und 500 ml Wasser hineingießen, zum Kochen bringen.

Für die Mehlklößchen das Mehl mit den Eiern, 1 Prise gemahlenem Piment, Salz und der Milch verrühren. Aus der Teigmasse mit einem Teelöffel kleine Klößchen abstechen und zu den kochenden Beeren geben. 10 Minuten köcheln lassen.

Nochmals abschmecken und warm oder kalt servieren.

FÜR 4 PERSONEN

BEERENSUPPE

500 g Blaubeeren
500 g Preiselbeeren
200 g Zucker
1 Vanillestange
200 ml Rotwein

MEHLKLÖSSCHEN

200 g Weizenmehl (Type 405)
2 Bio-Eier (Größe M)
gemahlener Piment
Salz
120 ml Milch

Zucchinisuppe mit gebackenen Apfelringen

Im Sommer gab es bei meiner Oma immer Zucchinisuppe zu Mittag, dazu Krapfen mit schön säuerlichen Sommeräpfeln. Die Zucchinipflanze wucherte im Garten meiner Großmutter und nicht selten stand sie mit einem armlangen Exemplar in der Küche. Besser sind aber die kleineren Früchte. Eine Suppe, die unsere Kinderherzen gewonnen hat.

FÜR 4 PERSONEN

APFELRINGE
1 Bio-Ei (Größe M)
75 g Weizenmehl (Type 405)
70 ml Bier
Salz
Zucker
2–3 Sommeräpfel

600 g grüne und gelbe Zucchini
1 Knoblauchzehe
250 g Butter
Salz
250 g Sahne

Für den Backteig Ei, Mehl und Bier in einer Schüssel zu einem glatten Teig verrühren, mit 1 Prise Salz und Zucker würzen. Bis zur Weiterverarbeitung ziehen lassen.

Die Zucchini waschen, von Stiel- und Blütenansatz befreien, in Scheiben schneiden und den Knoblauch schälen. 40 g Butter in einem Topf aufschäumen lassen und das Gemüse andünsten. Leicht salzen und unter stetigem Rühren schmoren. Sobald die Zucchini anfängt zu bräunen, mit 500 ml Wasser aufgießen und leicht köcheln.

Den Rest der Butter klären. Dafür die Butter in einen ausreichend großen Topf geben und erhitzen. Den oben aufschwimmenden weißen Schaum abschöpfen. Das Butterfett durch ein feines Sieb in ein feuerfestes Gefäß gießen und die unten im Topf schwimmende Molke zurückhalten.

Die Äpfel schälen, das Kerngehäuse ausstechen und die Früchte anschließend in 1 cm dicke Scheiben schneiden. In einer breiten Pfanne die geklärte Butter erhitzen. Das Fett hat die richtige Temperatur, wenn sich um einen Tropfen Teig Bläschen bilden. Drei Lagen Küchenpapier auf einem Blech auslegen. 2 Handvoll Zucker daraufstreuen.

Die Apfelringe durch den Backteig ziehen, sodass sie gleichmäßig umhüllt sind. Ins heiße Fett geben. Von beiden Seiten goldbraun ausbacken und dann in den Zucker setzen. Mit Zucker bestreuen.

Die Sahne in die Zucchinisuppe gießen und mit einem Pürierstab mixen. Mit den Apfelküchle zu Tisch geben.

Erdbeersuppe mit Maisnocken

Die kurze und intensiv duftende Erdbeerzeit läutet den Sommer ein. Durch das Kochen verändern die Erdbeeren ihren Biss und erinnern in der Suppe fast schon an Marmelade. Zusammen mit dem rustikalen Maisgrieß und den feinen Zitrusnoten der Verbene ergibt sich ein leichtes, aber sättigendes Mittagessen oder ein herrliches Frühsommerdessert.

FÜR 4 PERSONEN

300 g Erdbeeren
15 g Stärke
30 g Zucker
Salz
10 Verbenen-Blätter

MAISNOCKEN
20 g Butter
50 g Polenta
Salz
100 g Sahne
4 EL Hagelzucker

Die Erdbeeren waschen und vom Grün befreien. Die Stärke mit 2 EL kaltem Wasser glatt rühren. Die Erdbeeren, 600 ml Wasser, Zucker sowie 1 Prise Salz in einem Topf zum Kochen bringen. Die angerührte Stärke einrühren und die Verbenen-Blätter zugeben. Etwa 10 Minuten auf geringster Stufe köcheln lassen. Nach Belieben vollständig abkühlen lassen und bis zum Servieren in den Kühlschrank stellen.

Für die Maisnocken die Butter in einen Topf geben und bei mittlerer Temperatur schmelzen. Die Polenta leicht darin anrösten und unter ständigem Rühren 200 ml Wasser angießen. 1 Prise Salz zugeben und mindestens 15 Minuten köcheln, dann vom Herd nehmen und abkühlen lassen.

Die Sahne steif schlagen und unter die Polenta heben. Mit zwei Löffeln große Nocken abstechen und je eine Nocke in einen tiefen Teller setzen. Mit Hagelzucker bestreuen und die Erdbeersuppe entweder kalt oder erwärmt angießen.

Die Rezeptmenge ist für vier Personen als Dessert gedacht. Bei großer Lust einfach die Menge verdoppeln.

Pfirsich-Lavendel-Suppe (kalt)

Pfirsich, Lavendel und Basilikum erinnern uns an den Spätsommer im Süden Frankreichs. Das Baden der Kräuter im Weißwein weckt ihre betörenden Aromen. Gut gekühlt und aufgegossen mit dem Pfirsichpüree verbinden sie sich zu einer süßen Kaltschale, die man bestens als Dessert, als Aperitif oder als kleinen Zwischengang servieren kann.

FÜR 4 PERSONEN

1 Bund Basilikum
4 Stängel Lavendel
300 ml Weißwein
4 Pfirsiche
150 g Gelierzucker
Holzspießchen

10 Blätter Basilikum und den Lavendel in Weißwein und 200 ml kaltem Wasser etwa 30 Minuten einlegen.

Die Pfirsiche häuten. Dazu einen Topf mit Wasser zum Kochen bringen. Die Haut der Pfirsiche kreuzweise einritzen, kurz im kochenden Wasser blanchieren, mit einem Schaumlöffel herausheben und in einer Schüssel mit kaltem Wasser abschrecken. Die Haut mit einem kleinen Messer abziehen.

Mit einem Kugelausstecher einige Pfirsichkugeln ausstechen. Die Früchte entsteinen, in eine Schüssel geben, den Gelierzucker hinzufügen und mit einem Stabmixer pürieren. Den aromatisierten Wein durch ein feines Sieb in das Fruchtpüree gießen und kalt stellen.

Mit den Pfirsichkugeln und Basilikumblättchen kleine Dekospieße vorbereiten. Hierfür auf den Holzspießchen abwechselnd je ein Basilikumblättchen und eine Pfirsichkugel arrangieren.

Die Fruchtsuppe gut gekühlt im Glas servieren und mit den Fruchtspießchen dekorieren.

Herbst
114–155

würzig und kräftigend

Süßsaure Kürbissuppe (Rezept S. 124)

Spoja lorda – mit Käse gefüllte Nudeln in Brühe (Rezept S. 126)

Bouillabaisse (Rezept S. 128)

Pekingsuppe (Rezept S. 142)

Winzersuppe (Rezept S. 150)

Wurzelgemüsesuppe mit Liebstöckelöl (Rezept S. 152)

Champignoncremesuppe mit Balsamico-Zwiebeln

Der weiße Champignon ist ein Geschmackserlebnis, aber frisch muss er sein. Keine braunen Stellen oder Streifen erlaubt! Die in Balsamico gebadeten Zwiebelchen heben sich farblich super von der Suppe ab. Eine cremige Geschichte, aus der Herbstträume gemacht werden. Inspiriert haben mich übrigens die kalten Balsamico-Pilze, die einen aus vielen italienischen Antipasti-Vitrinen anlachen. Ganz schön verführerisch, oder?

FÜR 4 PERSONEN

200 g Schalotten
200 g kleine Zwiebeln
800 g weiße Champignons
60 g Butter
100 ml Weißwein
5 EL Balsamico-Essig
Salz
1 Zweig Rosmarin
2 Zweige Thymian
250 g Sahne

Die Schalotten und die kleinen Zwiebeln schälen, Schalotten grob würfeln. Die Champignons putzen.

In einem Topf die Butter aufschäumen und die Schalotten sowie Champignons hinzugeben. Etwa 5 Minuten leicht anschwitzen lassen, dann mit Weißwein ablöschen und mit 1 ½ l Wasser aufgießen. 30 Minuten köcheln lassen.

Währenddessen Wasser in einem Topf zum Kochen bringen und die kleinen Zwiebeln, je nach Größe, ca. 10 Minuten weich garen. Zwei Drittel des Kochwassers abgießen, Balsamico-Essig, etwas Salz, Rosmarin- sowie Thymianzweige dazugeben und 15 Minuten bei niedriger Hitze kochen. Immer wieder wenden. Nach Ende der Garzeit vom Herd nehmen, leicht abkühlen lassen und die Kräuterzweige entfernen.

Die Sahne halbsteif schlagen. Die Champignons inklusive Sud mit einem Stabmixer fein pürieren, mit Salz abschmecken und die geschlagene Sahne unterrühren.

Die Balsamico-Zwiebeln halbieren und als Einlage in der cremigen Suppe servieren.

Süßsaure Kürbissuppe

Die typische Kürbissuppe wird püriert. Meine süßsaure Variante rückt die Texturen der Kürbisse mehr in den Mittelpunkt. Denn Hokkaido- und Butternuss-Kürbis garen in einem würzigen Essigsud, wie eingelegte Kürbisse aus Großmutters Zeiten. Die Suppe wird am Ende leicht gebunden. Und das Chiliöl on top, kurz vor dem Servieren, gibt dem Ganzen einen feinen Kick.

FÜR 4 PERSONEN

ESSIGSUD
½ TL Fenchelsaat
½ TL schwarze Pfefferkörner
1 Kardamomkapsel
1 Sternanis
½ TL Pimentkörner
1 Lorbeerblatt
1 Nelke
50 g Zucker
250 ml Essig
150 ml Weißwein

450 g Butternuss-Kürbis
250 g Hokkaido-Kürbis
200 g Schalotten
2 EL Senfsaat
1 unbehandelte Bio-Zitrone
400 ml Gemüsebrühe (Rezept S. 11)
Salz
15 g Stärke
Chiliöl zum Servieren (Rezept S. 206)

Für den Essigsud die Gewürze mit Zucker, Essig und Weißwein aufkochen und 30 Minuten köcheln lassen. Anschließend abseihen, die Flüssigkeit in einem großen Topf auffangen.

Die Kürbisse putzen und entkernen. Den Butternuss-Kürbis schälen und in Würfel, den Hokkaido-Kürbis in Stifte schneiden. Die Schalotten schälen und vierteln.

Die Senfsaat in einem kleinen Topf mit etwas Wasser aufkochen, abseihen, das Kochwasser wegschütten.

Vier breite Streifen der Zitronenschale mit einem Sparschäler abschälen.

Kürbis, Zwiebeln, Senf, Zitronenschale und Gemüsebrühe zum Essigsud geben, aufkochen. Mit Salz abschmecken und bei kleinster Hitze abgedeckt 20 Minuten sieden lassen. Nach Geschmack mit etwas Wasser verdünnen.

Die Stärke in einer kleinen Schüssel mit ein wenig Wasser anrühren und in die siedende Suppe geben, dabei umrühren, bis die Brühe leicht andickt. Mit einigen Tropfen Chiliöl servieren.

Spoja lorda – mit Käse gefüllte Nudeln in Brühe

Ein Gericht aus der Emilia-Romagna. Ein Freund lebte mal ein Jahr in Bologna und hat mich auf diesen Gaumenschmaus gebracht. Traditionell sind die Teigtaschen, die ein bisschen Ravioli ähneln, mit Parmesan gefüllt. Ich verwende hier eine Mischung aus Ricotta und Pecorino, also Schafskäse. Den geschmacklichen Pfiff bringt der »Ricotta al forno«: Der Käse wird vorher im Ganzen im Ofen gebacken. Das verleiht ihm eine leicht rauchige Würze.

FÜR 4 PERSONEN

TEIG

100 g Weizenmehl (Type 405)
1 Bio-Ei (Größe M)

FÜLLUNG

120 g Ricotta al forno (aus dem italienischen Feinkostladen)
100 g Pecorino
80 g Ricotta
Salz und schwarzer Pfeffer aus der Mühle

1,6 l Bollito Misto (Gemischte Fleischbrühe, Rezept S. 19)

Aus Mehl und Ei einen homogenen, elastischen Teig kneten. Vor dem Ausrollen sollte er mindestens 30 Minuten geruht haben.

Für die Füllung Ricotta al forno und Pecorino reiben und mit dem Ricotta zu einer nicht allzu glatten Masse verarbeiten. Mit Salz und Pfeffer würzen.

Nun den Teig ausrollen und eine Hälfte mit der Ricottafüllung bestreichen. Die andere Teighälfte darüberklappen, leicht andrücken und mit einem Teigrädchen in kleine Quadrate teilen.

Die Brühe zum Kochen bringen und die gefüllten Teigtaschen etwa 3 Minuten köcheln lassen. Auf Teller verteilen und mit heißer Brühe übergießen.

Bouillabaisse

Das berühmte französische Gericht ist sicher in irgendeinem Hafen entstanden. Alles, was der frische Tagesfang so hergibt, wandert in den Topf: Verschiedene Fische, Krustentiere, Muscheln. Das Ergebnis? Ein kulinarischer Knaller. Irgendetwas zwischen Suppe und Eintopf, das Meer in der Nase und auf der Zunge. Für das Endergebnis ist die absolute Frische der Zutaten entscheidend.

FÜR 4 PERSONEN

4 Kaisergranate
8 Garnelen
1 kg Krustentierschalen (am besten den Fischhändler fragen)
150 g Karotten
300 g Zwiebeln
25 g Knoblauch
150 g Staudensellerie
500 g Tomaten
½ Bund Petersilie
100 ml Olivenöl
100 ml Pastis
1 TL Anissaat
½ TL Safranfäden
200 ml Weißwein
4 l Fischbrühe aus Seezungenkarkassen (Rezept S. 21)
Salz und schwarzer Pfeffer aus der Mühle
1 kg Miesmuscheln
250 g Himmelsgucker
250 g Viktoriabarsch
250 g Rotbarbe
100 g Sepia
60 g kalte Butter
Rouille zum Servieren (Rezept S. 208)

Kaisergranat- und Garnelenschwänze aus ihren Panzern lösen. Die Krustentierschalen gegebenenfalls zerteilen. Das Gemüse putzen, Karotte, Zwiebeln und Knoblauch schälen. Staudensellerie, Zwiebeln sowie Knoblauch grob würfeln, die Tomaten vierteln. Die Petersilie waschen und die Blätter von den Stängeln zupfen, die Stängel dabei nicht entsorgen.

Olivenöl in einem breiten Topf erhitzen und die gesamten Krustentierschalen von allen Seiten anrösten. Das Gemüse zu den Schalen in den Topf geben und bei starker Hitze mitrösten. Setzt sich etwas am Topfboden an, nach und nach mit etwas Pastis ablöschen und den Satz vom Boden lösen. Anis und Safran zugeben und mit Weißwein ablöschen. Dann mit Fischbrühe aufgießen, die Petersilienstängel zufügen und etwa 1 ½ Stunden köcheln lassen.

Ein großes Sieb mit einem sauberen Küchentuch auslegen, auf einem Topf platzieren und die Suppe abseihen, dabei gut ausdrücken. Die Suppe auf den Herd stellen, mit Salz und etwas Pfeffer abschmecken und warm halten.

Die Garnelenschwänze der Länge nach halbieren und den Darm entfernen. Den Kaisergranat am Rücken leicht einschneiden. Die Muscheln putzen und schlechte aussortieren. Die Fische, wenn nicht schon vom Fischhändler erledigt, filetieren, entgräten und in gleich große Stücke teilen. Die Sepia in dreieckige Stücke schneiden. Einige Blätter Petersilie fein schneiden. Währenddessen die Suppe zum Kochen bringen. Die Butter in Würfel teilen.

Sobald die Suppe kräftig kocht, die Butter zufügen, dann Muscheln und Sepia in die kochende Suppe geben, vom Herd nehmen. Die restlichen Fische sowie Schalentiere in den Topf geben und 5 Minuten abgedeckt ziehen lassen.

Auf Teller geben, mit Petersilie bestreuen und mit einer kräftigen Rouille servieren.

Fischsuppe blau – Forelle im sauren Sud

Sauer kommt in deutschen Gerichten irgendwie zu kurz. Außer vielleicht im Sauerbraten und Salatdressing. Ich mag auch säuerliche Suppen. Sie bringen immer eine gewisse Frische mit. In dieser Fischsuppe verwandeln wir Forelle zu einem säuerlichen Genuss. Wichtig ist mir, den ganzen Fisch zu verwerten. Dabei wachsen auch das Verständnis und der Respekt für das, was wir essen.

FÜR 4 PERSONEN

70 g Karotten
70 g Zwiebeln
70 g Knollensellerie
70 g Lauchgrün
400 g Forelle ohne Karkasse
1 l Fischbrühe (Rezept S. 21)
125 ml Weißwein
75 ml Condimento (italienischer weißer Trauben Balsamessig)
Salz
Zucker
5 Stängel Dill
Fleur de Sel zum Garnieren

Karotte, Zwiebel, Knollensellerie und Lauch putzen, gegebenenfalls schälen. Das Gemüse erst in Scheiben, dann in möglichst feine Streifen schneiden.

Wenn nötig, die Forelle entgräten und in gleich große Stücke teilen.

Die Fischbrühe in einem Topf aufkochen, die Gemüsestreifen zugeben und mit Weißwein, Condimento, Salz und 1 Prise Zucker abschmecken. Köcheln lassen, bis das Gemüse gerade gar ist, dann vom Herd nehmen. Dillspitzen von den Stängeln zupfen und mit dem Karpfen in die Brühe geben. Abgedeckt 5 Minuten ziehen lassen.

Sud und Gemüse in die Teller geben, den Fisch darauf verteilen und mit Fleur de Sel bestreuen.

»Die Farbe Gelb beherrscht im Herbst unsere Wälder und Landschaften.«

Gelbe Minestrone

Gelb beherrscht im Herbst unsere Wälder und Landschaften. Das ist auch das Motto unserer gelben Minestrone. Ich mag hier gerne die kleinen Muschelnudeln – die sind perfekt, um die leckere Suppe aufzunehmen.

Das Gemüse waschen, putzen und gegebenenfalls schälen. Die Zucchini, Paprika, Zwiebel und Karotte würfeln. Die Maiskörner vom Kolben schneiden. Hierfür den Kolben mit der Spitze nach oben auf ein rutschfestes Brett stellen und mit einem scharfen Messer die Körner von oben nach unten abschneiden. Die Bete in Spalten teilen.

Olivenöl in einem Topf erhitzen und die Paprika anbraten. Zucchini, Bete, Karotten und Zwiebeln zugeben und braten, bis die Zwiebeln glasig sind. Dann mit Brühe aufgießen, aufkochen und 20 Minuten köcheln.

Mirabellen waschen, halbieren und entsteinen. Tomaten und Suppennudeln zum Gemüse geben und 7 Minuten kochen, dann die Mirabellen unterrühren und 10 Minuten abgedeckt ziehen lassen.

Mit Salz abschmecken, in tiefe Teller schöpfen und mit Kapuzinerkresse-Blüten servieren.

FÜR 4 PERSONEN

2 gelbe Zucchini
1 gelbe Paprika
1 Zwiebel
1 gelbe Karotte
1 Maiskolben
2 Gelbe Beten
50 ml Olivenöl
1 l Gemüsebrühe (Rezept S. 11)
8 Mirabellen
8 kleine gelbe Tomaten
100 g große Suppennudeln
Salz
6 gelbe Kapuzinerkresse-Blüten zum Servieren

Lauchbrühe mit Pfannkuchen

Lauch wird leider oft unterschätzt, obwohl er so viel Geschmack zu bieten hat. Er sollte in keiner Brühe fehlen. Ich mache hier keine klassische Lauchsuppe, sondern experimentiere ein wenig. Die Basis ist das Grün vom Lauch. Aus dem gekochten Lauch machen wir die Brühe und die Einlage. Ich finde vor allem die unterschiedlichen Konsistenzen spannend. Diese Suppe ist einfach und verdammt gut.

FÜR 4 PERSONEN

2 Stangen Lauch
150 g Butter
2 TL Anissamen
Salz
2 Bio-Eier (Größe M)
100 ml Milch
etwas Weizenmehl (Type 405)
1 Frühlingszwiebel

Den Lauch waschen und putzen. Das Grün in Streifen schneiden und mit 75 g Butter und 1 TL Anis in einem Topf anschwitzen. Mit 1 l Wasser auffüllen und etwa 5 Minuten kochen. Mit einem Stabmixer fein pürieren, abseihen und die Brühe mit Salz abschmecken. Das Lauchpüree zur weiteren Verarbeitung aufbewahren.

Das Weiße vom Lauch in größere Stücke schneiden und in kräftig gesalzenem Wasser blanchieren. Bis zum Servieren beiseitestellen.

Aus 250 g Lauchpüree, den Eiern, der Milch, dem restlichen Anis, Mehl und etwas Salz einen Pfannkuchenteig anrühren. So viel Mehl zugeben, bis der Teig die Konsistenz eines Pfannkuchenteigs hat.

Die Frühlingszwiebel längs in feine Streifen schneiden, in kaltes Wasser geben und bis zur Verwendung in den Kühlschrank stellen.

Eine Pfanne erhitzen und die restliche Butter für das Ausbacken der Pfannkuchen verwenden. Den Pfannkuchenteig schöpflöffelweise in die Pfanne geben, schwenken und von beiden Seiten goldbraun ausbacken. So verfahren, bis der Teig aufgebraucht ist.

Die Pfannkuchen in beliebig große Stücke schneiden und mit dem blanchierten Lauch, den abgetropften Frühlingszwiebeln und der Lauchbrühe in tiefen Tellern servieren.

Borschtsch

Um diesen Klassiker aus dem Osten Europas kommst du nicht herum. Je nach Land und Region gibt es ihn in zahlreichen Varianten. Ich verwende hier den feinen Spitzkohl. Da er nur kurz gekocht wird, verleiht er dem Ganzen eine frischere Note. Serviert mit Dill, Sahne und einem gesalzenen Butterbrot – ein Traum. Lauwarm genießt man diese Köstlichkeit übrigens am besten. Und wenn du etwas übrig hast: Gut durchgezogen schmeckt der Eintopf noch mal besser.

FÜR 4 PERSONEN

300 g Rote Bete
300 g Rinderbeinscheibe
300 g Rindernuss
300 g Kartoffeln
60 g Karotten
250 g Zwiebeln
2 Knoblauchzehen
150 g Tomate
150 g Paprika
50 ml Olivenöl
Salz
schwarzer Pfeffer aus der Mühle
1 TL schwarze Pfefferkörner
1 TL Pimentkörner
2 Lorbeerblätter
1 TL Dillsaat
400 g Spitzkohl

SERVIEREN

6 Stängel Dill
150 g Sauerrahm
Brot
Butter
Fleur de Sel

Die Rote Bete waschen und mit der Rinderbeinscheibe und Rindernuss in einen Topf geben. Mit 2 ½ l kaltem Wasser auffüllen und für 2–3 Stunden köcheln lassen. Den aufsteigenden Schaum dabei regelmäßig abschöpfen. Nach etwa 90 Minuten die Rote Bete aus der Brühe nehmen und beiseitestellen.

Die Kartoffeln, Karotten, Zwiebeln und Knoblauch schälen. Kartoffeln sowie Karotte in Stifte schneiden. Die Zwiebel halbieren und in Streifen, den Knoblauch in feine Stifte schneiden. Die Tomate und Paprika waschen. Anschließend die Tomate grob würfeln. Die Paprika vierteln, Scheidewände, Kerne und Strunk entfernen, dann in feine Streifen schneiden.

Eine Pfanne auf dem Herd heiß werden lassen, Olivenöl hinzugeben und die Zwiebeln anrösten. Wenn sie Farbe bekommen haben, die Paprika und Tomate zufügen und weiter braten. Knoblauch sowie Salz und Pfeffer zugeben und die Hitze reduzieren. 30 Minuten abgedeckt köcheln lassen.

Die Kartoffeln und Karotten zusammen mit Pfefferkörnern, Piment, Lorbeerblättern, Dillsaat und Salz zum Fleisch geben und weich kochen.

Den Spitzkohl waschen und vierteln, dann den Strunk heraustrennen. In feine Streifen schneiden.

Die etwas abgekühlte Rote Bete schälen und stifteln. Das Fleisch aus der Brühe nehmen und in mundgerechte Stücke schneiden.

Fleisch, Spitzkohl, Rote Bete und Paprika-Tomatengemüse in den Topf mit der Brühe geben und weitere 20 Minuten köcheln. Vom Herd nehmen und abgedeckt ca. 20 Minuten ruhen lassen.

Dillspitzen von den Stängeln zupfen, Sauerrahm in eine Schale füllen. Brot in dicke Scheiben schneiden, kräftig mit Butter beschmieren und mit Fleur de Sel bestreuen. Den Eintopf mit einem Klecks Sauerrahm und einigen Dillspitzen genießen, dazu das Butterbrot reichen.

Pichelsteiner Eintopf

Ihn kennt wahrscheinlich jeder. Die Zubereitung? Ein Kinderspiel: Alles kommt in einen Topf. Was am längsten braucht – das Fleisch – kommt zuerst rein, und je nach Garzeit folgen die anderen Schichten. Funktioniert auch wunderbar im Schnellkochtopf. Bei jedem Schöpfen mit der Kelle vermengt sich der Eintopf zu einem wohligen Vergnügen.

FÜR 4 PERSONEN

200 g Rinderschulter
200 g Schweineschulter
200 g Zwiebeln
2 Knoblauchzehen
30 g Schmalz
Salz und schwarzer Pfeffer aus der Mühle
200 g Kartoffeln
100 g Lauch
100 g Wirsing
100 g Karotten
100 g Knollensellerie
1 TL Kümmelsaat
2 Lorbeerblätter
1 Bund Petersilie

Rinder- und Schweineschulter in mundgerechte Würfel schneiden. Die Zwiebel sowie den Knoblauch schälen und fein würfeln.

Das Schmalz in einer Pfanne erhitzen und das Fleisch darin von allen Seiten anbraten. Zwiebeln und Knoblauch zum Fleisch geben, mit Salz und Pfeffer würzen und mit 1 l kaltem Wasser aufgießen. Aufkochen lassen, dann vom Herd nehmen.

Das restliche Gemüse waschen, schälen und in kleine Würfel schneiden. Die Kartoffeln etwas größer würfeln und den Lauch in Ringe schneiden. Den Wirsing von den Blattrispen befreien und grob in Streifen teilen.

Den Boden eines großen Topfes mit etwa der Hälfte des Fleisches bedecken. Dann das Gemüse schichtweise zugeben. Jede Schicht mit Salz und Pfeffer leicht würzen. Mit dem Wurzelgemüse anfangen, gefolgt von Kartoffeln, Lauch und Wirsing. Zum Schluss das restliche Fleisch darauf verteilen. Mit dem Pfannensud aufgießen und so viel Wasser nachgießen, bis alles bedeckt ist.

Kümmel und Lorbeer zugeben und abgedeckt etwa 1 Stunde auf mittlerer Stufe köcheln lassen.

Die Petersilie von den Stängeln zupfen, die Blätter fein schneiden und zum Garnieren über den Eintopf streuen.

Vichyssoise – Kartoffel-Lauch-Suppe

Um die Namen von Gerichten ranken sich manchmal auch Geschichten. Die Vichyssoise geht wahrscheinlich auf einen französischen Koch aus der Nähe der Stadt Vichy zurück. Anfang des 20. Jahrhunderts servierte er die Suppe erstmals als Küchenchef in einem New Yorker Hotel. Sie muss ein Riesenerfolg gewesen sein, denn sie stand ein ganzes Jahr lang ununterbrochen auf der Karte. Bon Appétit!

FÜR 4 PERSONEN

1 Zwiebel
400 g Lauch
600 g Kartoffeln
40 g Butter
Salz
schwarzer Pfeffer aus der Mühle
5 Stängel Petersilie
½ Bund Schnittlauch
5 Stängel Kerbel
250 g Sahne

Gemüse putzen und in Würfel schneiden.

Die Butter in einem Topf erhitzen, das Gemüse darin einige Minuten leicht anschwitzen und mit 2 l kaltem Wasser aufgießen. Mit Salz und Pfeffer würzen, zum Kochen bringen und etwa 20 Minuten köcheln lassen.

Etwa ein Viertel des Gemüses mit einem Schöpflöffel herausnehmen und als Einlage beiseitestellen. Den Rest weitere 20 Minuten köcheln. Dann mit einem Stabmixer pürieren und von der Hitze nehmen.

Die Kräuter von den Stängeln zupfen und fein schneiden. Dann Sahne zur Suppe geben und nochmals abschmecken.

Abkühlen lassen oder sofort mit den Kräutern und einem Löffel der Einlage servieren.

Käse-Lauch-Suppe mit Hackfleisch

Auf einer meiner Koch-Stationen habe ich dieses Gericht kennengelernt. Ich verwende für die Suppe gerne Kochkäse, der dem Ganzen einen unwiderstehlichen Schmelz verleiht. Lauch, Hackfleisch und Käse bringen unheimlich viel Aroma mit in die Suppe. Dadurch wird sie kräftig und sättigend. Danach weht einen kein Herbststurm mehr um!

FÜR 4 PERSONEN

500 g Lauch
1 Zwiebel
2 Knoblauchzehen
50 ml Olivenöl
500 g gemischtes Hackfleisch
Salz
schwarzer Pfeffer aus der Mühle
800 ml Bollito Misto (Gemischte Fleischbrühe, Rezept S. 19)
200 g Kochkäse
frisch geriebene Muskatnuss
150 g Schmand
Piment d'Espelette (französisches Chilipulver) zum Garnieren

Den Lauch längs halbieren und gründlich waschen. Zwiebeln und Knoblauch schälen, zusammen mit dem Lauch in Würfel schneiden.

Das Olivenöl in einem breiten Topf erhitzen und das Hackfleisch hineingeben. Nach 3 Minuten wenden, das Gemüse zugeben und wieder nach 3 Minuten wenden. Gegebenenfalls das Hackfleisch mit einem Kochlöffel in kleinere Stücke teilen. Mit Salz und Pfeffer würzen, dann mit Bollito Misto aufgießen und zum Kochen bringen. 20 Minuten garen. Den Kochkäse einrühren und mit Muskat sowie Salz abschmecken.

Kurz vor dem Servieren von der Hitze nehmen, den Schmand unterrühren und auf Teller verteilen. Mit Piment d'Espelette bestreuen.

Pekingsuppe

Die wahrscheinlich bekannteste chinesische Suppe außerhalb Chinas kennst du wahrscheinlich auch aus diversen China-Restaurants als Vorspeise. Was mir besonders gefällt, sind die vielen Einlagen, die alle ganz fein geschnitten sind. Das spricht auch für die Aufmerksamkeit und Sorgfalt des Kochs. Die typische Kombination von Säure und Süße verleiht der Suppe ihren anregenden Geschmack.

FÜR 4 PERSONEN

BRÜHE

1 ganzes Hähnchen (ca. 1 kg)
1 Stängel Zitronengras
40 g frischer Ingwer
1 TL weiße Pfefferkörner

1 Chilischote
50 g Bambussprossen
70 g rote Paprika
70 g Karotten
15 g frischer Ingwer
1 Frühlingszwiebel
40 g Shiitake-Pilze
2 EL Öl
30 g Tomatenmark
30 g Gochujang (scharfe koreanische Gewürzpaste)
60 ml Reisessig
50 g Zucker
15 g Salz
20 g Stärke
1 Bio-Ei

Das Hähnchen mit Zitronengras, 40 g Ingwer und Pfefferkörnern mit 3 l kaltem Wasser in einen Topf geben, zum Kochen bringen und mindestens 1 Stunde kochen. Die Brühe abgießen, dabei in einem Topf auffangen und das Hähnchen auskühlen lassen.

Das Gemüse putzen und gegebenenfalls schälen. Die Chilischote entkernen. Bambussprossen, Paprika, Karotte und Ingwer, Chili, Frühlingszwiebel und Shiitake-Pilze in sehr feine Streifen schneiden.

Die Hähnchenbrüste von den Knochen lösen und das Fleisch mit zwei Gabeln oder den Fingern klein zupfen.

Dann das Öl in einem Topf erhitzen, die Zwiebeln und Chili zugeben und kurz sehr scharf anbraten. Karotten, Paprika und Ingwer hinzufügen, die Hitze etwas reduzieren und 3 Minuten braten. Tomatenmark und Gochujang 3 Minuten mitrösten, dann mit Essig ablöschen und mit der Hühnerbrühe aufgießen. Mit Zucker und Salz würzen und zum Kochen bringen.

Die Stärke mit ein wenig kaltem Wasser in einer kleinen Schüssel anrühren. In die kochende Suppe gießen und rühren, bis die Suppe leicht andickt. Hähnchenfleisch und Frühlingszwiebeln zugeben und ca. 10 Minuten köcheln lassen. Nochmals abschmecken.

Das Ei in einer Schüssel mit einer Gabel verquirlen. Unter vorsichtigem Rühren langsam in die Suppe einlaufen lassen.

Die Suppe in Schüsseln heiß servieren.

Apfel-Kartoffelsuppe mit Zwiebelringen

Eine Kombination, die wir seit Kindertagen kennen, Kartoffelpuffer und Apfelmus. Der Herbst ist Apfelzeit, und da habe ich dann immer richtig Lust auf Äpfel. Ich mag alte Sorten besonders. Aber welche sind am besten für dieses Gericht? Das überlasse ich dir! Manche mögen es süßer, andere mit mehr Säure. Probier' einfach durch, bis du deinen Liebling gefunden hast. Kartoffeln und Äpfel – in jeder Form eine geniale Kombination.

FÜR 4 PERSONEN

600 g Kartoffeln
200 g weiße Zwiebeln
300 g Knollensellerie
6 kleine Äpfel
5 EL Olivenöl
2 EL Zucker
Salz
80 ml Calvados
Zwiebelringe (Rezept S. 204)

Die Kartoffeln, den Sellerie und die Zwiebeln schälen und in grobe Würfel schneiden. 2 Äpfel ebenfalls schälen und entkernen.

Einen Topf mit dem Olivenöl erhitzen und das Gemüse und die Äpfel anschwitzen, ohne dass sie Farbe annehmen. Mit kaltem Wasser aufgießen, bis das Gemüse gerade bedeckt ist. Aufkochen und 1 Stunde abgedeckt köcheln lassen.

Die restlichen Äpfel halbieren. Den Zucker und das Salz in eine Pfanne streuen, sodass der Boden gleichmäßig bedeckt ist. Die Apfelhälften mit der Schnittseite nach unten in die Pfanne legen, auf den Herd stellen und langsam erhitzen. Sobald der Zucker zu karamellisieren beginnt, immer wieder mit einem Schuss Calvados ablöschen, bis die Äpfel weich sind. Den Zucker dabei nicht zu dunkel werden lassen.

Ist das Gemüse gar, die Suppe mit einem Stabmixer pürieren und mit Salz abschmecken. In Suppenteller schöpfen und mit den karamellisierten Äpfeln sowie Zwiebelringen servieren.

Scharfer Bohneneintopf

Bohneneintopf mal ein bisschen anders. Die verschiedenen Bohnen werden getrennt voneinander gekocht, da jede eine andere Garzeit hat – darauf musst du achten. Ich verwende hier gerne koreanische Chilipaste. Sie bringt die richtige Schärfe mit, die für den europäischen Gaumen aber noch gut zu handhaben ist.

FÜR 4 PERSONEN

70 g getrocknete weiße Riesenbohnen
70 g getrocknete Mungobohnen
70 g getrocknete schwarze Bohnen
70 g getrocknete Kidneybohnen
70 g getrocknete Kichererbsen
5 Lorbeerblätter
3 Chilischoten
9 Knoblauchzehen
250 g Zwiebeln
200 g grüne Paprika
60 ml Olivenöl
50 g Gochujang (scharfe koreanische Gewürzpaste)
1 unbehandelte Bio-Zitrone
Salz
1 Bund Oregano
Chiliöl (Rezept S. 206)

Die Hülsenfrüchte, nach Sorten getrennt, über Nacht in reichlich Wasser einweichen.

Am nächsten Tag die einzelnen Sorten abgießen und in je einen Topf geben. Mit reichlich kaltem Wasser aufgießen, jeweils 1 Lorbeerblatt, ½ Chilischote und 1 angedrückte Knoblauchzehe zufügen und weich kochen. Wenn nötig etwas Wasser nachgießen. Am besten hier regelmäßig die Garstufen überprüfen, da diese variieren. Die Kochzeit der weißen Riesenbohnen beträgt etwa 70–90 Minuten, die der Mungobohnen 20 Minuten, die der schwarzen Bohnen 90–120 Minuten, die der Kidneybohnen 45–60 Minuten und die der Kichererbsen 60–120 Minuten. Bevor die Bohnen zerfallen, vom Herd nehmen und im Sud auskühlen lassen. Die Hülsenfrüchte anschließend abseihen, das Kochwasser dabei auffangen, und die Chilischoten, Knoblauch und Lorbeerblätter entfernen.

Die Zwiebel und den restlichen Knoblauch schälen. Die Paprika vierteln, entkernen und in Streifen schneiden. Die Zwiebel ebenfalls in Streifen schneiden und den Knoblauch halbieren.

Dann Olivenöl in einem großen Topf erhitzen und das gesamte Gemüse darin anschwitzen. Wenn die Zwiebeln leicht gebräunt sind, Gochujang zugeben und kurz anrösten. Die Bohnen und Kichererbsen hinzufügen und mit dem aufgefangenen Kochwasser aufgießen, dann 20 Minuten bei niedriger Hitze kochen lassen.

Die Zitrone mit einem Sparschäler abschälen. Den Saft ausdrücken und die Schale in sehr feine Streifen schneiden. Beides zum Eintopf geben und weitere 10 Minuten köcheln. Mit Salz abschmecken.

Zum Schluss die Oreganoblätter von den Stängeln streifen und grob schneiden. Den Eintopf in tiefe Teller schöpfen und mit etwas Chiliöl und dem frischen Oregano servieren.

Gelbe Linsensuppe

Was hier auf den Teller kommt, ist eine Gewürzexplosion. Und die Farbe Gelb dominiert: gelbe Linsen, gelbe Chili, Kurkuma und Safran machen die Suppe gelb. Alles ist indisch angehaucht und der Muscovadozucker bringt einen intensiven Geschmack. Die Schärfe kommt von Ingwer, Kurkuma und Chili, die säuerliche Frische von der Limette.

FÜR 4 PERSONEN

200 g Zwiebeln
25 g frischer Ingwer
25 g frische Kurkuma
1 Knoblauchzehe
1 gelbe Chilischote
100 g Butter
1 EL Muscovadozucker (Vollrohrzucker)
1 Lorbeerblatt
½ TL Safranfäden
500 g getrocknete gelbe Linsen
Saft von 1 Bio-Limette
Salz

Zwiebel, Ingwer, Kurkuma und Knoblauch schälen. Die Zwiebeln fein würfeln. Dann Knoblauch, Ingwer, Chili und Kurkuma im Mörser zu einer Paste verarbeiten.

50 g Butter in einem Topf zerlassen und die Zwiebeln darin glasig anschwitzen. Muscovadozucker sowie Würzpaste zugeben und 10 Minuten leicht anrösten. Lorbeer mit in den Topf geben und weitere 2 Minuten braten. Anschließend Linsen sowie Safran unterrühren und mit 1,6 l kaltem Wasser aufgießen. Etwa 25 Minuten köcheln lassen, bis die Linsen weich werden. Währenddessen die restliche Butter in Würfel schneiden und kalt stellen.

Nach Ende der Garzeit den Limettensaft in die Suppe gießen und mit einem Stabmixer leicht stückig pürieren. Mit Salz abschmecken.

Die Suppe in tiefen Tellern und mit einem Würfel kalter Butter servieren.

Türkische rote Linsensuppe

Die Anregung zu dieser Linsensuppe kam von einer türkischen Freundin. Bei ihr kommt die Suppe ohne Kreuzkümmel auf den Tisch. Für uns ist er aber essenziell. Außerdem bin ich ein Fan von Hülsenfrüchten, die hierzulande immer seltener auf dem Speiseplan stehen. Achte bei diesem Gericht auf die richtige Konsistenz. Die Suppe sollte nicht zu dick sein und nicht zu fein püriert. Es dürfen gerne noch ganze Linsen in der Suppe schwimmen.

Das Gemüse putzen, schälen und würfeln.

Die Butter in einem Topf erhitzen und das Gemüse 5 Minuten darin anschwitzen. Tomaten-Paprikamark zufügen und 3 Minuten rösten. Dann die Linsen einrühren und mit 2 l Wasser aufgießen. Zum Kochen bringen und 30 Minuten kochen lassen. Nach Belieben mit Salz abschmecken. Mit einem Stabmixer nicht zu fein pürieren.

Kreuzkümmel in einer Pfanne ohne Fett anrösten.

Die Suppe auf Teller verteilen, mit Kreuzkümmel bestreuen und servieren.

FÜR 4 PERSONEN

2 Kartoffeln
2 Zwiebeln
2 Karotten
2 EL Butter oder Olivenöl
2 EL Tomaten-Paprikamark
400 g getrocknete rote Linsen
Salz
1 EL Kreuzkümmelsaat

Winzersuppe

Ich komme aus dem unterfränkischen Würzburg. An den steilen Hängen über dem Main gedeiht seit jeher Wein und prägt die ganze Region. Natürlich stand zu Hause auch immer wieder eine Winzersuppe auf dem Tisch, vor allem im Herbst zur Erntezeit. In dieser Suppe spare ich nicht mit dem Wein: ein Teil Weißwein, zwei Teile Gemüsebrühe. Und ich nehme immer den guten Wein, den ich später auch trinke. Bitte keine Abstriche machen!

FÜR 4 PERSONEN

200 g weiße Zwiebeln
50 g Lauch
50 g Butter
50 g Weizenmehl (Type 405)
400 ml Weißwein
800 ml Gemüsebrühe (Rezept S. 11)
10 g Salz
1 Bund Kerbel
300 g rote Trauben an der Rispe

Zwiebel sowie Lauch (wenn möglich nur das Weiße verwenden) putzen und in Würfel schneiden.

In einem Topf die Butter zerlassen, Zwiebeln und Lauch darin anschwitzen. Sobald die Zwiebel glasig ist, mit Mehl bestäuben. Sorgfältig rühren und nach etwa 2 Minuten mit Weißwein ablöschen. Die Brühe zugeben und 30 Minuten köcheln lassen. Mit einem Stabmixer fein pürieren und mit Salz abschmecken.

Den Kerbel waschen, auf ein sauberes Küchentuch geben und die groben Stängel entfernen.

Den Ofen bei höchster Temperatur auf Grill stellen. Die Trauben von der Rispe lösen und in eine feuerfeste Schale geben. Auf der obersten Schiene in den heißen Ofen schieben, bis die Trauben beginnen zu karamellisieren.

Die Suppe mit reichlich Kerbel und den leicht abgekühlten Trauben genießen.

Wurzelgemüsesuppe mit Liebstöckelöl

Durch das schrittweise Garen der verschiedenen Wurzeln im selben Sud vereinen sich ihre unterschiedlichen Geschmacksnoten erst auf dem Teller. Und das Liebstöckelöl sorgt für eine zusätzliche Tiefe. Das Ergebnis ist eine unglaublich kräftige und dennoch raffinierte Wurzelgemüsesuppe, die auf angenheme Weise an das Maggi-Fläschchen auf dem Esstisch unserer Großeltern erinnert.

FÜR 4 PERSONEN

4 Radieschen mit Grün
1 Korianderwurzel mit Grün (aus dem Asialaden)
1 kleiner Knollensellerie mit Grün
4 Bamberger Hörnchen
4 Knoblauchzehen
1 rote Zwiebel mit Grün
4 Karotten mit Grün
4 Petersilienwurzeln mit Grün
grobes Salz
4 Rote Bete
Salz
Liebstöckelöl (Grünes Öl, S. 207) zum Servieren

Radieschen, Korianderwurzel, Knollensellerie und Bamberger Hörnchen gründlich waschen. Knoblauch, Zwiebel, Karotte und Petersilienwurzel schälen, dabei einige Zentimeter vom Grün am Gemüse lassen. Anschließend Sellerie und Zwiebeln in schmale Spalten schneiden.

Den Ofen auf 160 °C (Ober-/Unterhitze) vorheizen. Ein großes Stück Aluminiumfolie in der Mitte mit reichlich grobem Salz bestreuen und die Rote Bete daraufsetzen. Die Folie zu einem Päckchen einschlagen und etwa 1 Stunde im Backofen schmoren.

Inzwischen 1 ½ l Wasser mit 10 g Salz in einen Topf geben und zum Kochen bringen. Das Gemüse, bis auf die Korianderwurzel, darin nacheinander bissfest garen, dabei mit dem hellen Gemüse beginnen, um Verfärbungen zu vermeiden. Die Garzeit kann je nach Größe des Gemüses variieren, deshalb regelmäßig mit einem spitzen Messer überprüfen. Mit einem Schaumlöffel aus dem Wasser holen. Zum Schluss die Kartoffeln gar kochen.

Das Gemüse, bis auf die Rote Bete, in der Brühe heiß werden lassen. Währenddessen die Korianderwurzeln zufügen.

Anschließend das Gemüse und die Bete gleichmäßig auf tiefe Teller verteilen und mit Brühe übergießen. Zum Schluss frisches Liebstöckelöl darüberträufeln und genießen.

Saubohneneintopf mit Birne

Ich fürchte, Saubohnen sind vom Aussterben bedroht. Sie stehlen sich so langsam aus unserem Speiseplan davon, und man bekommt sie fast nur noch als Tiefkühlware. Also, ran an den Speck, so lange es sie noch gibt! Ja, sie machen Arbeit. Erst müssen sie aus den Schoten gepult, dann auch noch aus den Häutchen herausgeschnipst werden ... (Bitte nicht überspringen, die Häutchen sind schwer bekömmlich). Aber glaub' mir: Birne, Bohne, Speck – ein unschlagbares Trio. Und ohne Bohnenkraut geht hier gar nichts, während die Süße der Birne alles vereint.

FÜR 4 PERSONEN

10 g Knoblauch
100 g Zwiebeln
160 g Kartoffeln
80 g Speck
8 Stängel Bohnenkraut
Salz
1 kg frische Saubohnen mit Schale
200 g Kochbirne
40 g kalte Butter
1 EL weiße Pfefferkörner zum Servieren

Den Knoblauch, die Zwiebeln und die Kartoffeln schälen. Knoblauch halbieren, die Zwiebel längs in Streifen, die Kartoffeln in dickere Scheiben schneiden. Den Speck erst in dicke Scheiben schneiden, dann in Stifte teilen. Bohnenkraut von den Stängeln zupfen.

Speck und Zwiebeln in einen kalten Topf geben und erhitzen. Immer wieder wenden. Sobald Zwiebeln und Speck etwas geröstet sind, den Knoblauch, das Bohnenkraut, die Kartoffeln und etwas Salz zugeben. Mit 600 ml Wasser auffüllen, zum Kochen bringen und abgedeckt bei kleiner Hitze 20 Minuten köcheln lassen.

Die Bohnen aus der Schale entfernen. Einen Topf mit Salzwasser aufkochen lassen und die Bohnen 1–2 Minuten blanchieren. Dann abgießen, etwas abkühlen lassen und die Bohnen aus der Schale herausdrücken.

Die Birne waschen, vierteln, das Kerngehäuse und den Stielstrang entfernen und die Früchte nochmals halbieren.

Bohnen und Birne zum restlichen Gemüse und Speck in den Topf geben und noch etwa 10 Minuten weiter köcheln.

Die Butter in Würfel schneiden. Den Topf vom Herd nehmen und die Butter würfelweise einrühren. Nicht zu stark rühren, damit das Gemüse seine Form behält.

In einem Mörser die Pfefferkörner grob zerstoßen.

Die Suppe auf Teller verteilen und mit dem Pfeffer genießen.

Winter
156–191

üppig und wärmend

Weiße Minestrone (Rezept S. 163)

Gulaschsuppe (Rezept S. 181)

Oden (Rezept S. 188)

Gewürzbirne im Rotweinsud (Rezept S. 191)

Weiße Minestrone

Eine feine Gemüsesuppe für kalte Wintertage. Cremiges Wurzelgemüse und dicke weiße Bohnen in einer zarten Brühe. Sie bietet alles, was man nach einem langen Tag im Schnee braucht. Ruhe, Geborgenheit, Wärme und Sättigung.

FÜR 4 PERSONEN

120 g getrocknete weiße Riesenbohnen
1 Chilischote
1 Lorbeerblatt
200 g Knollensellerie
100 g Petersilienwurzel
150 g Pastinake
150 g Topinambur
200 g Schwarzwurzel
65 g Knoblauch
100 g weiße Zwiebeln
Salz
natives Olivenöl extra zum Servieren

Die Bohnen über Nacht in reichlich Wasser einweichen. Am nächsten Tag in einem großen Topf mit der Chilischote und dem Lorbeerblatt ca. 45 60 Minuten weich kochen.

Das Wurzelgemüse waschen und schälen. Den Knoblauch ebenso schälen. Die Zehen halbieren, die Zwiebeln vierteln und den Rest des Gemüses in etwa gleich große Stücke zerteilen.

Etwa 1 ½ l Wasser mit reichlich Salz in einem Topf zum Kochen bringen und das Gemüse darin weich kochen.

Die Bohnen abseihen, dabei Chili und Lorbeerblatt entsorgen. Anschließend die Bohnen zum Gemüse geben, nochmals alles mit Salz abschmecken und mit Olivenöl servieren.

Gerstensuppe

Eine meiner Kochstationen verbrachte ich in einem Hotel in Graubünden. Das Haus hatte auch ein Gourmetrestaurant, und der Küchenchef kochte klassisch französisch. Neben Gänseleber, Kaviar und Trüffel stand auch immer eine »Bündner Gerstensuppe« mit auf der Karte. Bald wurde mir klar, dass man diese Suppe nicht unterschätzen sollte. Im Gegenteil: Sie ist ehrlich und wärmt nicht nur von innen, sondern vielleicht auch die Seele. Bodenständig, einfach gut.

FÜR 4 PERSONEN

200 g Speckschwarte
60 g Karotten
60 g Lauch
60 g Knollensellerie
60 g Zwiebel
60 g Speck
100 g Gerstengraupen
3 Lorbeerblätter
Salz und schwarzer Pfeffer aus der Mühle
4 Stängel Majoran
frisch geriebene Muskatnuss

Die Speckschwarte in einem Topf mit 1 l Wasser zum Kochen bringen. Etwa 1 Stunde sieden lassen.

Währenddessen das Gemüse putzen und gegebenenfalls schälen. Das Gemüse und den Speck getrennt voneinander in feine Würfel schneiden.

Den Speck in einem Topf ohne Zugabe von Fett anbraten, dann das Gemüse hinzufügen und anschwitzen.

Die Gerstengraupen in eine Schüssel geben, etwas Wasser zugießen und mit der Hand verrühren. Mit Wasser auffüllen und durch ein Sieb abgießen. Dies etwa drei Mal wiederholen, bis das Wasser klar ist.

Die gewaschenen Gerstengraupen zum Gemüse in den Topf geben und kurz andünsten, dann mit der Speckbrühe aufgießen. Lorbeer, Salz und Pfeffer zugeben und etwa 30 Minuten köcheln lassen. Am Ende der Garzeit die Lorbeerblätter entfernen.

Den Majoran von den Stängeln zupfen, fein schneiden und auf die Teller verteilen. Etwas Muskatnuss darüberreiben, nach Geschmack noch ein wenig Pfeffer hinzufügen. Die Suppe darübergießen und direkt servieren.

La Garbure – pyrenäische Suppe mit Ente

Ich besuche regelmäßig ein Château in der Nähe von Biarritz, um in einem Hotel bei Seminaren mitzuarbeiten. Auf einem Flohmarkt in der Nähe habe ich zufällig schöne, aber riesige Tassen gesehen. Die hatten mindestens einen Durchmesser von 20 Zentimetern. Der Verkäufer hat mir verraten, dass diese Tassen speziell für »La Garbure« gemacht wurden, einen herzhaften, fetten Bauerneintopf.

FÜR 4 PERSONEN

300 g Kartoffeln
200 g weiße Rüben
200 g Ringelbete
200 g Karotten
200 g Zwiebeln
100 g Petersilienwurzel
4 Knoblauchzehen
200 g Lauch
300 g Wirsing
150 g Knollensellerie
200 g Brustspeck
700 g Enten- oder Gänseconfit
3 Lorbeerblätter
2 Nelken
4 Zweige Thymian

Das gesamte Gemüse waschen, putzen und gegebenenfalls schälen. Kartoffeln in dicke Scheiben schneiden, weiße Rüben und Ringelbete achteln, Karotte, Zwiebeln und Petersilienwurzel vierteln, Knoblauch halbieren und den Lauch in lange Zylinder teilen. Wirsing in breite Streifen schneiden und Sellerie grob würfeln. Den Speck in Scheiben schneiden.

Das Entenconfit, den Speck und das Gemüse zusammen mit 1,8 l Wasser in einen Topf geben. Lorbeerblätter, Nelken und Thymianzweige zufügen und mindestens 2 Stunden köcheln lassen.

Anschließend das Geflügel herausnehmen und in mundgerechte Stücke teilen, dabei Haut und Knochen entfernen.

Das Gemüse auf tiefe Teller verteilen, Fleisch daraufgeben und mit etwas fetter Brühe übergießen.

Mulligatawny-Suppe – britisch-indische Currysuppe

»Sherry with the soup?« In Deutschland ist der Silvesterabend ohne »Dinner for One« undenkbar. Unsere Suppe wird Miss Sophie als erster Gang serviert. Sie hat ihren Ursprung in der englischen Kolonialzeit. Die Suppe, nicht Miss Sophie. Ich habe mich weitestgehend ans Originalrezept gehalten, aber um eine cremige Suppe zu bekommen, habe ich noch die exotischen Früchte zugegeben. Schärfe und Frucht machen ein unwiderstehliches Duo. Cheerio!

FÜR 4 PERSONEN

200 g Schalotten
8 g frische Kurkuma
40 g frischer Ingwer
2 EL ganzes Currygewürz
1 TL weiße Pfefferkörner
500 g Entenkeule
10 g gelbe Chilischote
300 g Ananas
200 g Papaya
200 g Mango
Salz

Die Schalotten schälen und halbieren. Kurkuma sowie Ingwer schälen und mit Currygewürz und weißem Pfeffer im Mörser zu einer Paste stoßen.

Ente, Schalotten und Chili in einen kalten Topf geben, dann auf mittlerer Stufe erhitzen und leicht rösten. Die Gewürzpaste in den Topf geben, kurz anrösten, anschließend mit 1 ½ l Wasser auffüllen. Zum Kochen bringen und ca. 1 ½ Stunden köcheln lassen.

Ananas, Papaya und Mango von Schalen und Kernen befreien, danach in grobe Würfel schneiden.

Sind die Keulen gar, aus dem Topf nehmen. Das Fleisch von den Knochen lösen und anschließend in mundgerechte Stücke teilen.

Das Obst in die Brühe geben, aufkochen lassen und mit einem Stabmixer pürieren. Mit Salz abschmecken.

Eine Pfanne erhitzen und das Entenfleisch ohne Fett darin anbraten.

Die Suppe auf tiefe Schalen verteilen und mit der gebratenen Ente servieren.

Rotkohlsuppe

Ist es nicht faszinierend, wie einige Pflanzen der Kälte trotzen? Der Rotkohl gehört definitiv zu diesen Helden. Da wächst mein Respekt vor der Natur jedes Mal ein Stückchen. Gerade im Winter kommt man um Rotkohl nicht herum. Die Kombination mit Birne ist unschlagbar. Und Zimt, Piment und Orange gehören unbedingt zum Winter.

Birnen und Zwiebel schälen. Das Kerngehäuse der Birne entfernen, dann Zwiebel und Birnen würfeln. Anschließend den Rotkohl putzen und in feine Streifen schneiden.

Die Butter in einem Topf aufschäumen, Kohl, Zwiebeln und Birnen zufügen und darin anschwitzen. Mit Salz und Zucker würzen. Die Schale von der Orange abreiben und zusammen mit Nelke, Zimt und Piment in den Topf geben. Mit der Gemüsebrühe aufgießen und zum Kochen bringen. Währenddessen die Orange mit einem kleinen Messer schälen und im Ganzen zum Gemüse geben, etwa 1 ½ Stunden kochen lassen.

Gewürze, Orangenschale und Orange aus dem Topf nehmen, anschließend die Suppe mit einem Stabmixer fein pürieren. Durch ein Sieb gießen, dabei die Flüssigkeit in einem Topf auffangen und nochmals aufkochen.

Die Suppe vom Herd nehmen, die Sahne zugießen, mit Salz abschmecken und mit dem Pürierstab aufschäumen. Sofort zu Tisch geben.

FÜR 4 PERSONEN

3 Birnen
1 rote Zwiebel
500 g Rotkohl
3 EL Butter
Salz
2 EL Zucker
1 unbehandelte Bio-Orange
1 Nelke
1 Zimtstange
2 Pimentkörner
1 l Gemüsebrühe (Rezept S. 11)
150 g Sahne

Pho

Die ganze Welt lebt von Einflüssen aus anderen Regionen. Die Franzosen brachten als Kolonialherren ihren »Pot au feu« (Topf auf dem Feuer) nach Vietnam. Wahrscheinlich haben die Einheimischen daraus ihre »Pho« entwickelt: einfach zur kräftigen Rindersuppe noch Reisbandnudeln hinzugegeben. Jetzt ist die Pho quasi als Re-Import wieder in Europa gelandet. An frischen Kräutern darf man hier auf keinen Fall sparen, sie sind essenziell!

FÜR 4 PERSONEN

BRÜHE

8 Schalotten
50 g frischer Ingwer
2 Zimtstangen
2 schwarze Kardamomkapseln
3 Sternanis
400 g Markknochen
600 g Rinderbeinscheibe oder Ochsenschwanz
3 EL Fischsauce
1 EL Zucker

EINLAGE

400 g breite Reisnudeln
4 Frühlingszwiebeln
2 Chilischoten
180 g Rinderfilet

KRÄUTERSTRAUSS

8 Stängel Thai-Basilikum
4 Stängel rotes Shiso (aus dem Asialaden)
8 Stängel vietnamesischer Koriander (aus dem Asialaden)
4 Stängel Melisse
4 Stängel Minze
Küchengarn

SERVIEREN

2 unbehandelte Bio-Limetten
4 Handvoll Sojasprossen

Schalotten und Ingwer schälen. Zimtstangen, schwarze Kardamomkapseln, Sternanis, Schalotten und Ingwer in einem großen Topf dunkel anrösten. Mit 5 l kaltem Wasser aufgießen, die Markknochen sowie Beinscheiben zugeben und zum Kochen bringen. Sobald die Brühe kocht, den entstehenden Schaum mit einem Löffel abschöpfen. Mindestens 3 Stunden köcheln lassen, bis das Fleisch weich ist.

Ein Küchensieb mit einem sauberen Küchentuch auslegen, auf einem großen Topf platzieren und die Brühe abseihen. Mit Fischsauce und Zucker abschmecken.

Das Fleisch von den Knochen lösen, überschüssiges Fett und Sehnen entfernen. Die Brühe warm halten.

Die Nudeln etwa 30 Minuten in einer flachen Schüssel in kaltem Wasser einweichen. Anschließend einen Topf mit Wasser zum Kochen bringen und die Nudeln darin »al dente« garen. Nach Ende der Garzeit abseihen und in einer Schüssel mit kaltem Wasser abschrecken. Frühlingszwiebeln und Chilischoten in feine Ringe schneiden. Das Filet in dünne Scheibchen schneiden.

Für jeden Esser einen Kräuterstrauß aus jeweils 2 Stängeln Thai-Basilikum, 1 Stängel Shiso, 2 Stängeln Koriander, 1 Stängel Melisse und Minze vorbereiten. Mit Küchengarn zusammenbinden. Die Limetten vierteln. Die Brühe wieder zum Kochen bringen.

Die Nudeln abseihen und auf vorgewärmte Suppenschalen verteilen. Etwas von dem gekochten Fleisch darauflegen und mit Frühlingszwiebeln bedecken. Das Filet dazugeben und mit kochender Brühe übergießen. Mit je 2 Limettenvierteln, Chili, Sojasprossen und einem Kräuterstrauß zum Verfeinern servieren.

Französische Zwiebelsuppe

Bei dieser Suppe kommen dir im Nu alle Klischeebilder von Frankreich in den Sinn: Paris, der Eiffelturm, Baguette ... Das Brot ist hier unverzichtbar. Es wird in die Suppe gelegt und mit Käse im Ofen überbacken. Ich verwende den Süßwein, Madeira, aber es geht auch anders: In einem Restaurant in Frankreich habe ich mal ältere Herren beobachtet, die Zwiebelsuppe löffelten. Dazu haben sie jeweils zwei Gläser Rotwein bestellt. Eins kam in die Suppe, das andere haben sie getrunken. Savoir-vivre kann so einfach sein ...

FÜR 4 PERSONEN

600 g weiße Zwiebeln
80 g Butter
2 EL Weizenmehl (Type 405)
Salz
schwarzer Pfeffer aus der Mühle
2 Zweige Rosmarin
2 Zweige Thymian
3 Stängel Majoran
4 Stängel Petersilie
1 Baguette
200 g Gruyère
200 ml Madeira
Küchengarn

Die Zwiebeln schälen und in Streifen schneiden. Die Butter in einem großen Topf aufschäumen lassen und die Zwiebeln zugeben. Ca. 15 Minuten unter regelmäßigem Rühren braten. Wenn die Zwiebeln gleichmäßig gebräunt sind, das Mehl einrühren. Mit Salz und Pfeffer würzen, dann nach und nach unter Rühren mit 1,2 l kaltem Wasser aufgießen und zum Kochen bringen. Rosmarin, Thymian, Majoran und Petersilie mit etwas Küchengarn zu einem Strauß binden, in den Topf geben und etwa 30 Minuten kochen.

Den Ofen bei Oberhitze auf höchster Stufe vorheizen. Vom Baguette acht Scheiben schräg herunterschneiden, sodass zwei Scheiben in einen tiefen Teller passen. Den Gruyère reiben.

Den Kräuterstrauß aus der Suppe holen, Madeira zufügen, verrühren und die Suppe auf tiefe Teller verteilen.
Zwei Brotscheiben auf die Suppe legen, mit Käse bestreuen und je zwei Teller auf ein Backblech stellen. Für wenige Minuten auf oberster Schiene in den Ofen schieben, bis der Käse an manchen Stellen dunkel anbräunt. Die Teller aus dem Ofen holen und am besten auf kalten Untertellern zu Tisch bringen. Den Vorgang mit den restlichen Tellern wiederholen und heiß servieren.

Deftige Kartoffelsuppe

Das Gericht stammt von Kathis Großeltern. Die Kaminwurz verpasst der Kartoffelsuppe eine leicht rauchige Note – perfekt für den Winter, wenn das Kaminfeuer lodert. Ich persönlich mag den Einsatz der »Flotten Lotte« hier besonders. Sie püriert das Gemüse nicht ganz, sodass es eine grobe Konsistenz behält. Ein echt rustikaler Eintopf.

FÜR 4 PERSONEN

150 g Lauch
100 g Knollensellerie
50 g Petersilienwurzel
150 g Karotten
150 g Zwiebeln
600 g Kartoffeln
150 g Kaminwurz
8 Wiener Würstchen
1 TL weiße Pfefferkörner
1 TL Kümmelsaat
Salz

Gemüse waschen, putzen und bei Bedarf schälen. Den Lauch in nicht zu grobe Würfel schneiden. Den Rest des Gemüses grob würfeln. Die Kaminwurzen mehrmals mit einer Gabel einstechen.

Das gesamte Gemüse und die Kaminwurzen in einen großen Topf geben, mit 2 l Wasser auffüllen und zum Kochen bringen. Etwa 45 Minuten kochen. Wenn das Gemüse weich ist, die Wurst herausnehmen und den Rest durch eine Flotte Lotte in einen frischen Topf passieren.

Die Suppe aufkochen, vom Herd nehmen, die Wiener Würstchen in die Suppe geben und abgedeckt ziehen lassen, bis die Würstchen durchgewärmt sind.

Die Kaminwurzen in Scheiben schneiden. Pfeffer und Kümmel im Mörser zerstoßen, zusammen mit den Kaminwurzen in die Suppe geben und mit Salz abschmecken.

Maronensuppe

Esskastanien fordern Zeit und Geduld, bis sie Früchte tragen. Seit meiner Kindheit steht in unserem Garten ein Maronenbaum. Erst vor ein paar Jahren gab es endlich die ersten Kastanien zu ernten. Bei unserer leichten Wintersuppe sind sie die Hauptdarsteller. Portwein und Rosmarin spielen dabei die perfekten Nebenrollen. Wenn du keine frischen Kastanien bekommst, gibt es im Laden bereits gekochte und geschälte Maroni.

FÜR 4 PERSONEN

100 g Zwiebeln
800 g gekochte Maronen
1 EL Zucker
100 ml Olivenöl
2 Zweige Rosmarin
150 ml weißer Portwein
Salz
1,8 l Gemüsebrühe (Rezept S. 11)
weißer Pfeffer aus der Mühle
Saft von 1 Bio-Zitrone

Die Zwiebel schälen und würfeln, die Maronen grob hacken.

Den Zucker in einen Topf geben und bei mittlerer Hitze karamellisieren. Sobald der Zucker leicht braun ist, die Zwiebel in den Topf geben und das Olivenöl einrühren. Maronen und Rosmarinzweige zufügen und kurz anschwitzen. Dann mit Portwein ablöschen und leicht salzen. Ist der Wein so gut wie verkocht, ein Viertel der Maronen aus dem Topf holen und bis zur weiteren Verarbeitung beiseitestellen.

Die restlichen Maronen mit Brühe aufgießen und zum Kochen bringen. Etwa 20 Minuten köcheln lassen, danach die Rosmarinzweige entfernen und die Suppe mit einem Stabmixer fein pürieren. Mit Salz, Pfeffer und Zitronensaft abschmecken.

Die zurückbehaltenen Maronen kurz in einer Pfanne braten und zur Suppe servieren.

Selleriesuppe mit Haselnüssen

Am liebsten schmoren wir den Sellerie im Ganzen im Ofen, was einen wunderbaren Geschmack, aber auch eine saftige Konsistenz erzeugt. Für mehr Haselnussgeschmack kannst du die Milch noch durch Haselnussmilch ersetzen. Eine Suppe mit wenigen Zutaten und großem Geschmack.

FÜR 4 PERSONEN

1 ½ kg Knollensellerie
100 ml Olivenöl
Salz
Zucker
schwarzer Pfeffer aus der Mühle
4 EL Haselnusskerne
1 ½ l Milch oder Haselnussmilch

Den Ofen auf 220 °C (Umluft) vorheizen.

Die Sellerieknollen gründlich waschen und auf ein Backblech geben. Mit Olivenöl übergießen und mit 3 EL Salz, 2 EL Zucker und 2 EL Pfeffer einreiben. In den Ofen schieben und mindestens 1 Stunde schmoren, bis der Sellerie weich ist.

Dann die Haselnüsse auf ein Backblech verteilen und im heißen Ofen ca. 15 Minuten rösten.

Den Sellerie etwas abkühlen lassen und mit einem Messer großzügig schälen. Die Schalenabschnitte mit der Milch in einen Topf geben und 30 Minuten kochen. Inzwischen den Sellerie grob reiben und die Nüsse grob hacken.

Ein Küchensieb mit einem sauberen Küchentuch auslegen, auf einem Topf platzieren und die Milchbrühe abseihen. Die Brühe nochmals aufkochen und wenn nötig nachwürzen.

Sellerie auf tiefe Teller verteilen, mit der Brühe übergießen und den Haselnüssen servieren.

Wirsingsuppe mit Hackbällchen und Senf

Wirsing, der König der Kohlköpfe, ein wunderschönes Gemüse. Bei meiner Arbeit wird mir immer wieder bewusst, welche Schätze der Natur wir eigentlich für uns verarbeiten dürfen. Dieses Gericht hier ist so simpel, aber gleichzeitig so raffiniert: Ganze Zwiebeln, ganze Kartoffeln, Fleischbällchen und alles so, dass du es mit einem Bissen essen kannst.

FÜR 4 PERSONEN

500 g Wirsing
150 g kleine Zwiebeln
200 g kleine Kartoffeln
100 ml Weißwein
2 EL gelbe Senfsaat
Salz

HACKBÄLLCHEN
50 g Zwiebel
1 Bund Petersilie
50 g Butter
300 g gemischtes Hackfleisch
50 g Semmelbrösel
1 Bio-Ei (Größe M)
25 g Dijon-Senf, plus mehr zum Servieren
Salz

Den Wirsing von welken Blättern befreien, vierteln, den Strunk entfernen und in grobe Würfel teilen.

Die Zwiebeln und Kartoffeln sollten etwa tischtennisballgroß sein. Beide schälen. Von den Zwiebeln nicht zu viel vom Wurzelansatz entfernen, damit sie beim Kochen nicht auseinanderfallen.

Für die Hackbällchen die Zwiebel schälen und in feine Würfel schneiden, dann die Petersilie von den Stängeln zupfen und fein schneiden.

Die Hälfte der Butter in einer Pfanne aufschäumen und die Zwiebeln darin glasig dünsten. 1 Handvoll Petersilie zugeben, kurz mitschwitzen, vom Herd nehmen und abkühlen lassen.

Hackfleisch, Semmelbrösel, Ei, Senf und etwas Salz in eine Schüssel geben und vermengen. Die Zwiebeln einarbeiten und ein Probebällchen formen.

Danach eine Pfanne erhitzen und das Probebällchen durchbraten und probieren, gegebenenfalls die Fleischmasse nachwürzen. Anschließend etwa 30 g schwere Bällchen rollen.

In einem großen Topf die restliche Butter zerlassen und die Kartoffeln und Zwiebeln zusammen mit dem Wirsing, ohne dass das Gemüse Farbe annimmt, anschwitzen. Mit Weißwein ablöschen, die Senfsaat und etwas Salz zugeben und mit etwa 1 l Wasser bedecken. Aufkochen, dann die Fleischbällchen hinzufügen und ca. 30 Minuten abgedeckt köcheln lassen. Sind die Zwiebeln und Kartoffeln gar, die übrige Petersilie einrühren und nochmals zum Kochen bringen. Anschließend vom Herd nehmen und abgedeckt 10 Minuten ruhen lassen.

Etwas Dijon-Senf in eine Schale geben. Die Suppe in tiefen Tellern verteilen und mit dem Senf zu Tisch geben.

Gulaschsuppe

Klassisches Gulasch dreht sich hauptsächlich um Fleisch, Zwiebeln und Paprikapulver. In meiner Gulaschsuppe haben auch Kartoffeln, Sellerie und Karotte ihren Weg in den Topf gefunden. Majoran und Kümmel sind übrigens ein absolutes Muss! Und das Fleisch sollte mager sein. Von welchem Stück genau? Da lohnt sich ein Plausch mit dem Metzger deines Vertrauens.

FÜR 4 PERSONEN

300 g mageres Rindfleisch
200 g Zwiebeln
60 g Karotten
60 g Knollensellerie
200 g Kartoffeln
1 Knoblauchzehe
2 EL Butterschmalz
1 TL edelsüßes Paprikapulver
1 TL scharfes Paprikapulver
1 EL Weizenmehl (Type 405)
200 ml Rotwein, plus mehr zum Abschmecken
1 ½ l Rinder- oder Gemüsebrühe (Rezept S. 16, 11)
Salz
½ Bund Majoran
1 EL Kümmelsaat
schwarzer Pfeffer aus der Mühle
100 g Sahne

Das Rindfleisch in grobe Würfel schneiden, anschließend das Gemüse putzen und schälen. Die Zwiebeln in Streifen, die Karotten in Scheiben, Sellerie und Kartoffeln in kleine Würfel schneiden, den Knoblauch fein hacken.

In einem großen Topf das Fleisch portionsweise im Butterschmalz braten, bis es Farbe angenommen hat, anschließend auf einem Teller beiseitestellen. Dann die Zwiebeln und den Knoblauch im gleichen Topf anschwitzen, bis die Zwiebeln glasig sind. Edelsüßes und scharfes Paprikapulver sowie Mehl zugeben und etwa 5 Minuten leicht anrösten. Das Fleisch und eventuell ausgetretenen Saft hinzufügen und mit Rotwein ablöschen. Mit Brühe aufgießen, salzen und zugedeckt köcheln lassen. Nach etwa 1 Stunde das restliche Gemüse hinzufügen.

Majoran von den Stängeln zupfen und Kümmel in einem Mörser grob anstoßen. Wenn das Fleisch weich ist, reichlich Majoran, schwarzen Pfeffer und Kümmel zugeben. Nochmals mit Salz abschmecken.

Sahne leicht anschlagen und über die Gulaschsuppe geben, nach Belieben auch einen Schluck Rotwein.

Leberknödelsuppe

Die Leber ist wohl eine der wenigen Innereien, die hierzulande gesellschaftsfähig ist. In Deutschland tritt sie oft in der Leberknödelsuppe auf. Mich hat diese Suppe vom ersten Löffel an überzeugt. Seither ist sie ein treuer Begleiter an nasskalten Wintertagen.

FÜR 4 PERSONEN

600 g Leberknödel (Rezept S. 194)
800 ml Rinderbrühe, plus mehr zum Erhitzen (Rezept S. 16)
1 Bund Schnittlauch
schwarzer Pfeffer aus der Mühle
frisch geriebene Muskatnuss

Die Leberknödel in etwas Brühe in einem großen Topf erwärmen. Die Rinderbrühe ebenfalls in einem Topf erwärmen.

Den Schnittlauch in feine Ringe schneiden. Dann mit frisch gemahlenem Pfeffer und Muskat in Suppenteller verteilen.

Die heißen Knödel dazusetzen und mit Rinderbrühe aufgießen.

Schwarzwurzelsuppe mit Trüffel

Schwarzwurzeln, der Winterspargel, noch so ein Gemüse, das zu Hause nicht mehr oft auf dem Tisch steht. Sobald es im Restaurant serviert wird, sind alle hin und weg. Vielleicht liegt es daran, dass das Schälen etwas mühsam ist. Aber es lohnt sich. Winterspargel passt zudem wunderbar zu Wintertrüffel. Wenn das Ei die Nacht mit dem Trüffel im Kühlschrank verbringt, nimmt das Eigelb sein Aroma auf und lässt es in der Suppe so richtig aufleben.

FÜR 4 PERSONEN

1 frischer Trüffel
4 Bio-Eier (Größe M)
1 kg Schwarzwurzel
2 unbehandelte Bio-Zitronen
200 g Zwiebeln
60 g Butter
60 g Weizenmehl (Type 405)
1 Lorbeerblatt
frisch geriebene Muskatnuss
1 ½ l Milch
15 g Salz
100 g Sahne

Am Tag zuvor den Trüffel mit den Eiern in eine verschließbare Dose geben und abgedeckt in den Kühlschrank stellen.

Am nächsten Tag die Schwarzwurzeln schälen und in Zitronenwasser legen. Dafür 1 Zitrone auspressen und den Saft sowie die Schale in eine Schüssel mit etwa 1 l Wasser geben. Die Zwiebeln schälen und fein würfeln. Die Schwarzwurzeln in fingerlange Stücke teilen und ins Zitronenwasser legen, damit sie nicht braun werden.

Die Butter in einem Topf zerlassen und die Zwiebeln darin glasig dünsten. Mit Mehl bestäuben, gut umrühren, dann Lorbeer sowie 1 Prise Muskat zugeben und 5 Minuten mitschwitzen. Die kalte Milch unter ständigem Rühren hineingießen, sodass keine Klumpen entstehen. Langsam zum Kochen bringen und 30–40 Minuten köcheln lassen, dabei immer wieder umrühren.

Währenddessen die Schale einer halben Zitrone abreiben und zum Gemüse geben. Die Zitrone auspressen und die Suppe mit etwas Zitronensaft und Salz abschmecken.

Dann die Sahne in einer Schüssel halbsteif schlagen. Die Eier aufschlagen, Eigelb und Eiweiß voneinander trennen. Die Eiweiße abgießen und die Eigelbe in den Schalenhälften oder kleinen Schüsseln getrennt voneinander aufbewahren.

Das Gemüse auf Teller verteilen, von der Sahne eine Nocke abstechen und in die Tellermitte setzen. Mit einem Löffel eine Mulde in die Sahne drücken und ein Eigelb hineingleiten lassen. Zum Schluss Trüffel fein darüberhobeln.

Kartoffelgulasch

Angetroffen habe ich das Kartoffelgulasch immer wieder mal beim Wandern in Norditalien. Da wird es auf den Hütten oft als Bergsteigeressen angeboten. Das ist sozusagen Gulasch, bei dem die Kartoffeln das Fleisch ersetzen. Die grüne Paprika bringt eine herbe Note mit. Es ist ein günstiges Gericht, was dem Geschmack aber keinen Abbruch tut.

FÜR 4 PERSONEN

300 g Zwiebeln
800 g Kartoffeln
1 TL schwarze Pfefferkörner
1 TL Kümmelsaat
80 g Butter
2 EL getrockneter Majoran
1 EL Tomatenmark
1 Lorbeerblatt
1 EL rosenscharfes Paprikapulver
1 EL mildes Paprikapulver
1 grüne Paprika
Salz und schwarzer Pfeffer aus der Mühle

Die Zwiebeln schälen und in breite Streifen schneiden. Die Kartoffeln ebenfalls schälen und in mundgerechte Stücke teilen. Pfefferkörner und Kümmel in einem Mörser grob zerstoßen.

Die Butter in einem Topf braun werden lassen, dann Zwiebeln, Majoran und die zerstoßenen Gewürze zugeben. Kurz anrösten lassen, danach das Tomatenmark einrühren und unter ständigem Rühren 5 Minuten rösten. Mit 800 ml kaltem Wasser aufgießen, die restlichen Gewürze sowie die Kartoffeln hinzufügen und zum Kochen bringen.

Währenddessen die Paprika von Stiel und Samen befreien, in Würfel schneiden und in das Gulasch geben. Anschließend etwa 1 Stunde leise köcheln lassen.

Mit Salz und Pfeffer abgeschmeckt servieren.

Sauerkrautsuppe mit Blutwurst

Sauerkraut ist gerade im Winter ein super Vitamin-Lieferant. Und ganz ehrlich: Es schmeckt auch verdammt gut. Bei Blutwurst mag die eine oder der andere etwas skeptisch sein. Aber in kleinen Scheiben angebraten sieht sie gleich verlockender aus. Und nach dem ersten Bissen sind die Zweifel wie weggeblasen. Eine wunderbare Wintersuppe, die derb klingt, aber in Wahrheit ganz fein ist.

FÜR 4 PERSONEN

200 g Boskop-Äpfel
200 g Zwiebeln
150 g mehligkochende Kartoffeln
40 g Butter
125 ml Weißwein
400 g Sauerkraut
1 TL Kümmelsaat
1 Lorbeerblatt
Salz
1 EL Zucker
250 g Sahne
150 g Blutwurst
Mehl zum Wenden
Fett zum Anbraten

Äpfel, Zwiebeln und Kartoffeln schälen. Das Kerngehäuse der Äpfel entfernen und die Früchte zusammen mit dem Gemüse in grobe Stücke schneiden.

In einem Topf die Butter zerlassen und die Apfel-Gemüse-Mischung andünsten, dabei nicht anbräunen lassen. Wenn die Butter anfängt zu karamellisieren, mit Weißwein ablöschen und 300 g Sauerkraut, Kümmel und Lorbeerblatt hinzugeben. Kurz mitschwitzen, dann mit 1 l kaltem Wasser auffüllen. Etwa 1 Stunde köcheln lassen, anschließend das Lorbeerblatt entfernen. Mit Salz und Zucker würzen, mit einem Stabmixer zu einer glatten Suppe pürieren und 200 g Sahne zugeben. Nochmals abschmecken (je nach Geschmack des Sauerkrauts kann die benötigte Zucker- oder Salzmenge variieren).

Die Blutwurst in dicke Scheiben schneiden und diese in Mehl wenden. In einer heißen Pfanne mit wenig Fett auf beiden Seiten knusprig braten und herausnehmen.

Das restliche Sauerkraut in der Pfanne erwärmen. Die übrige Sahne leicht aufschlagen.

Die Suppe in Teller verteilen, mit geschlagener Sahne garnieren, das Sauerkraut in die Mitte setzen und mit einer Scheibe Blutwurst krönen.

Oden – japanischer Eintopf

Von meiner japanischen Kollegin in der Backstube habe ich schon auf Seite 99 erzählt. Bei ihr habe ich dieses Gericht zum ersten Mal gegessen. Ich war gleich hin und weg. Basis ist eine Dashi-Brühe, und die verschiedenen Einlagen und Formen machen nicht nur den Gaumen, sondern auch die Augen glücklich. Du erlebst so viele unterschiedliche Konsistenzen und Geschmäcker. Ein fantastisches Gericht. In einer großer Runde mit Sake genossen – umso schöner.

FÜR 4 PERSONEN

BRÜHE

40 cm x 10 cm Kombu (Seetang; aus dem Asialaden)
2 Handvoll Katsuobushi (Bonito-Flocken; aus dem Asialaden)

TOFUBÄLLCHEN

400 g Tofu
1 Karotte
etwas Zwiebelgrün
1 Noriblatt
1 Bio-Eigelb
1 TL Stärke
Salz
Fett zum Braten

EINLAGE

300 g Daikon-Rettich (aus dem Asialaden)
4 Bio-Eier (Größe M)
280 g Konnyaku (aus dem Asialaden)
260 g Chikuwa (Fischkuchen; aus dem Asialaden)
75 ml Sake
75 ml Sojasauce
Salz

SERVIEREN

2 TL Senfpulver

Kombu in einer großen Schüssel mit 1,4 l kaltem Wasser über Nacht ziehen lassen. Den Tofu in ein sauberes Küchentuch wickeln, in eine rechteckige Schale geben. Ein Brett auf den Tofu legen und mit einem Gegenstand beschweren, damit die Flüssigkeit austritt. So über Nacht in den Kühlschrank stellen.

Am nächsten Tag den Kombu-Sud in einen Topf abseihen und aufkochen. Das Kombu-Blatt aufbewahren. Katsuobushi hinzugeben und etwa 5 Minuten köcheln lassen. Vom Herd nehmen, 5 Minuten ruhen lassen und dann durch ein Sieb in einen Topf gießen.

Für die Tofubällchen das ausgetretene Wasser des Tofus abgießen und den Tofu aus dem Tuch wickeln.

Die Karotte waschen, schälen und 1 TL voll davon abreiben. Etwa ebenso viel Zwiebelgrün klein schneiden und ½ TL voll des Noriblatts in feine Streifen hacken. Alles mit dem Tofu in eine Schale geben und mit einer Gabel zu einem formbaren Teig vermengen. Eigelb, Stärke und 1 Prise Salz unterrühren, etwa 30 g schwere Klößchen formen und diese mit der Handfläche leicht andrücken.

In einer Pfanne reichlich Fett erhitzen und die Klößchen von beiden Seiten anbraten. Auf Küchenpapier geben und abkühlen lassen.

Die restliche Karotte in fingerlange Stücke schneiden und vierteln. Den Rettich in 3 cm dicke Scheiben schneiden. Anschließend mit einem Messer schälen, sodass möglichst runde Scheiben entstehen.

Einen Topf mit Wasser aufkochen lassen und den Rettich etwa 20 Minuten weich kochen. Vom Herd nehmen und im Kochwasser auskühlen lassen.

Die Eier 8 Minuten hart kochen, unter kaltem Wasser abschrecken und schälen.

Konnyaku halbieren, in Dreiecke schneiden und mit Salz einreiben. Einen Topf mit Wasser zum Kochen bringen, Konnyaku für 2 Minuten garen lassen und abseihen.

Rettich, Konnyaku, Karotte und Kombu mit der Kombu-Brühe in einem breiten Topf aufkochen und 10 Minuten köcheln lassen. Kombu herausnehmen, 12–16 cm breite Streifen abschneiden und jeweils einen Knoten hineinknüpfen. Zusammen mit den Tofubällchen, den Eiern, dem Chikuwa, Sake, Sojasauce und 1 Prise Salz in den Topf geben und 5 Minuten kochen.

Das Senfpulver mit 1 TL Wasser in einer kleinen Schüssel anrühren und mit dem dampfenden Eintopf zu Tisch geben. Einen Klecks des Senfs an den Tellerrand streichen und einzelne Bissen damit würzen.

Gewürzbirne im Rotweinsud mit Vanillesauce

Spätestens beim Blick auf unsere Zutatenliste ist klar: Weihnachten steht vor der Tür. Eigentlich zaubern wir hier einen sehr kräftigen Glühwein, dem wir unsere Birnen anvertrauen. Der Rotweinsud schaut nicht nur sehr schön aus, er bringt auch eine gewisse herbe Note mit. Ein wirklich schönes Dessert – ob du es warm, lauwarm oder kalt genießt. Perfekt am Nachmittag mal zwischendurch oder als krönender Abschluss eines runden Menüs.
Der Weihnachtsmann kann kommen.

Für die Gewürzbirnen Rotwein, Portwein und Zucker in einem großen Topf aufkochen. Die Vanillestange der Länge nach aufschneiden und das Mark herauskratzen. Das Vanillemark bis zur weiteren Verarbeitung beiseitestellen. Die Gewürze, Zitronenabrieb und die ausgeschabte Vanillestange zugeben und simmern lassen. Die Birnen schälen und je nach Größe halbieren oder vierteln. Kleine Birnen im Ganzen lassen. Die aufgeschnittenen Birnen von Kerngehäuse, Blütenansatz und Stielfasern befreien, in den köchelnden Gewürzsud setzen und ca. 30 Minuten ziehen lassen.

Währenddessen die Stärke mit ein wenig Milch und den Eigelben glatt rühren. Dann die restliche Milch, Sahne, das Vanillemark sowie 60 g Zucker in einen Topf geben und aufkochen. Die angerührte Stärke einrühren und unter Rühren etwa 5 Minuten köcheln lassen. Durch ein feines Sieb gießen, in einer Schüssel auffangen und abkühlen lassen.

Sind die Birnen durchgezogen, den Topf von der Hitze nehmen und abgedeckt 15–30 Minuten ruhen lassen. Die warmen Birnen im Sud mit etwas kalter Vanillesauce servieren.

FÜR 4 PERSONEN

1 Vanillestange

GEWÜRZBIRNEN

400 ml Rotwein
200 ml roter Portwein
160 g Zucker
4 Kardamomkapseln
1 Zimtstange
1 Sternanis
4 schwarze Pfefferkörner
1 Nelke
1 Macis (Muskatblüte)
Abrieb von 1 unbehandelten Bio-Zitrone
4 Birnen

VANILLESAUCE

15 g Stärke
500 ml Milch
3 Bio-Eigelbe
250 g Sahne
60 g Zucker

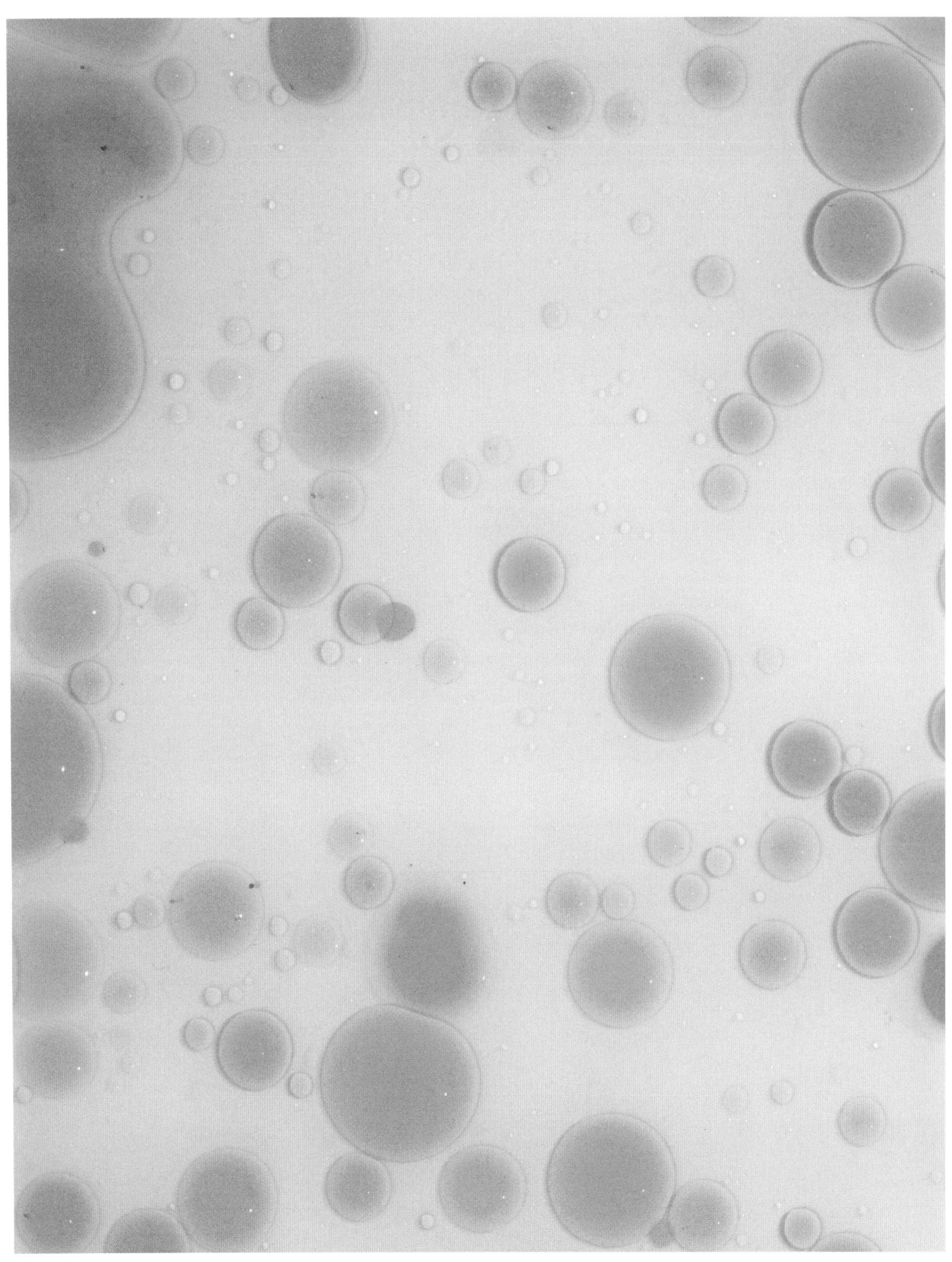

Einlagen Toppings

192–209

Leberknödel

200 ml Milch
400 g Roggenmischbrot
2 weiße Zwiebeln
2 Knoblauchzehen
1 Bund Petersilie
Butter zum Anbraten
200 g grüner Speck
(nicht geräucherter Rückenspeck)
7 schwarze Pfefferkörner
2 Pimentkörner
frisch geriebene Muskatnuss
400 g Kalbs-, Rinds-, oder Lammleber
2 Bio-Eier (Größe M)
2 EL frisch geschnittener Majoran
Salz
Weizenmehl (Type 405)

Die Milch in einem kleinen Topf erhitzen. Das Brot in grobe Würfel schneiden, in eine hitzebeständige Schüssel geben und mit der Milch übergießen. Einweichen lassen. Zwiebeln und Knoblauch schälen, Petersilie von den Stängeln zupfen und alles getrennt voneinander sehr klein schneiden.

In einer Pfanne etwas Butter zerlassen, die Zwiebeln zugeben und glasig dünsten. Dann Knoblauch sowie Petersilie hinzufügen und 1 Minute anschwitzen. Vom Herd nehmen und abkühlen lassen.

Das Brot leicht mit den Händen ausdrücken, den grünen Speck grob in Stücke teilen. Pfeffer- sowie Pimentkörner in einem Mörser fein zerstoßen und die Hälfte einer Muskatnuss fein reiben.

Einen Fleischwolf mit der feinen Scheibe bestücken und Leber, Speck sowie Brot durchdrehen. Die abgekühlte Zwiebelmasse, die Eier, die gemahlenen Gewürze und den Majoran zur Leber geben und alles gut miteinander vermengen.

Einen Topf mit Salzwasser zum Kochen bringen, die Hitze reduzieren, bis das Wasser nur noch siedet. Einen kleinen Probeknödel aus der Lebermasse formen und im siedenden Wasser garen. Wenn er auseinanderfällt, nach und nach etwas Mehl unter die Lebermasse rühren.

Nach Belieben große oder kleine Knödel formen und im siedenden Salzwasser gar ziehen. Kleine Knödel ca. 10 Minuten garen, größere Knödel brauchen ca. 20 Minuten.

Grießnocken

100 ml Milch
frisch geriebene Muskatnuss
Salz
50 g Weichweizengrieß
1 Bio-Ei (Größe M)

Die Milch mit je 1 Prise Muskatnuss und Salz in einem Topf aufkochen. Den Grieß zugeben und bei kleiner Hitze zu einem homogenen, festen Brei verrühren. Etwas abkühlen lassen und das Ei unterziehen.

Einen Topf mit Salzwasser zum Kochen bringen. Mithilfe von zwei Teelöffeln aus dem Teig kleine Nocken formen und in das siedende Wasser gleiten lassen. 8–10 Minuten gar ziehen lassen.

Flädle

80 g Weizenmehl (Type 405)
140 ml Milch
1 Bio-Ei (Größe M)
Salz
Zucker
Butter für die Pfanne

Mehl, Milch, Ei, je 1 Prise Salz und Zucker in einer Schüssel verrühren und für etwa 2 Stunden abgedeckt ruhen lassen.

Dann in einer heißen Pfanne etwas Butter zerlassen. Den Teig gleichmäßig und so dünn wie möglich in der Pfanne verteilen und von beiden Seiten ca. 3 Minuten backen, bis beide Seiten gleichmäßig gebräunt sind. So lange weiter verfahren, bis der Teig aufgebraucht ist.

Die Pfannkuchen aufrollen und quer in feine Streifen schneiden.

Kräuter-Croûtons

100 g Toast- oder Weißbrot
30 g Butter
2 EL Olivenöl
2 Knoblauchzehen
2 Zweige Thymian
Salz

Das Toastbrot in feine Würfel schneiden. Butter sowie Olivenöl in einer Pfanne erhitzen.

Knoblauch auf einem Brett mit einem Messerrücken andrücken und mit den Thymianzweigen und den Brotwürfeln in das heiße Fett geben. Regelmäßig wenden, bis das Brot von allen Seiten goldbraun gebraten ist.

Auf Küchenpapier legen und abkühlen lassen, nach Geschmack salzen.

Käse-Croûtons

150 g Weißbrot
50 ml Olivenöl
50 g Cheddar
Salz und schwarzer Pfeffer aus der Mühle

Den Backofen auf 160 °C (Ober-/Unterhitze) vorheizen.

Das Weißbrot in Würfel schneiden und auf ein Backblech geben. Das Olivenöl darauf verteilen und die Croûtons etwa 20 Minuten im Ofen rösten. Dabei alle 8 Minuten wenden.

Den Cheddar reiben. Nach den ersten 8 Minuten die Brotwürfel mit etwas Cheddar bestreuen und wenden, wieder in den Ofen schieben. Den Cheddar so bei jedem Wendevorgang nach und nach zugeben, damit die Brotwürfel gleichmäßig vom schmelzenden Käse überzogen werden.

Nach Belieben bräunen und mit Salz und Pfeffer abschmecken.

Knoblauch-Croûtons

100 g Brioche
Knoblauchöl (Rezept S. 40)
Salz

Das frische Brioche grob zerteilen, in einen Mixer geben und nicht zu fein zerkleinern.

Auf einem Backblech verteilen und lufttrocknen lassen, bis sich die Krumen trocken anfühlen.

Kurz vor dem Servieren den Ofen auf 150 °C (Ober-/Unterhitze) vorheizen und die Krumen etwa 2 Minuten erwärmen. Anschließend mit Knoblauchöl beträufeln und nach Belieben mit Salz würzen.

Butterklößchen

50 g Butter
Salz
1 Macis (Muskatblüte)
2 Bio-Eier (Größe M)
80 g Weizenmehl (Type 405)

Die Butter und 2 Prisen Salz mit einem Handrührgerät schaumig rühren, bis sie weiß wird und Spitzen zieht.

Macis fein reiben und 2 Prisen zur Butter geben. Nach und nach Eier und Mehl einarbeiten.

Einen Topf mit Salzwasser zum Kochen bringen. Währenddessen ein Probeklößchen formen, ins siedende Wasser geben und ca. 10 Minuten ziehen lassen. Probieren und gegebenenfalls nachwürzen. Falls das Klößchen auseinanderfällt, noch etwas Mehl hinzufügen. Dann mit feuchten Händen aus der restlichen Masse Klößchen von ca. 2 cm Durchmesser formen.
10 Minuten im siedenden Salzwasser gar ziehen lassen und mit einem Schaumlöffel aus dem Wasser holen.

Kaspressknödel

125 ml Milch
weißer Pfeffer aus der Mühle
frisch geriebene Muskatnuss
500 g Weißbrot
1 Zwiebel
250 g Butter
3 Stängel Petersilie
180 g Bergkäse
3 Bio-Eier (Größe M)
Salz
Brühe oder Wasser

Die Milch in einem Topf mit je 1 Prise Pfeffer und Muskat aufkochen. Das Weißbrot in feine Scheiben schneiden, in eine Schüssel geben und mit der heißen Milch übergießen. Abgedeckt ziehen lassen.

Zwiebel schälen und in feine Würfel schneiden. 1 EL Butter in einer Pfanne aufschäumen lassen, dann die Zwiebeln darin glasig dünsten.

Etwas Petersilie abzupfen und fein schneiden. Zu den Zwiebeln hinzufügen, durchrühren und unter das Weißbrot heben. Die Masse auskühlen lassen.

Den Rest der Butter klären. Dafür die Butter in einem Topf erhitzen und den aufsteigenden Schaum abschöpfen. Diesen zur Brotmasse geben.

Den Bergkäse reiben und zur abgekühlten Brotmasse geben, mit den Eiern zu einer nicht zu homogenen Masse kneten.
15 Minuten abgedeckt ruhen lassen, dann mit Salz abschmecken. Eine Pfanne mit der geklärten Butter erhitzen und ein Probeknödelchen braten. Gegebenenfalls nochmals abschmecken.

Nun gleich große Knödel formen und in der Pfanne mit geklärter Butter braten. Dabei die Knödel leicht andrücken.
Wenn die untere Seite goldbraun gebraten ist, wenden und nochmals leicht andrücken. Die zweite Seite ebenfalls knusprig braten.

In einem Topf die Brühe zum Sieden bringen und die Knödel darin, je nach Größe, 5–10 Minuten gar ziehen lassen.

Markklößchen

50 g Rindermark
100 ml Milch
frisch geriebene Muskatnuss
1 Brötchen
1 Bio-Ei (Größe M)
50 g Semmelbrösel
Salz

Das Rindermark klein schneiden. In einen kleinen Topf geben und bei geringer Hitze zerlassen. Durch ein feines Sieb in eine Schüssel gießen und kurz auskühlen lassen. Anschließend die Milch in den Topf gießen, kräftig mit Muskat würzen und aufkochen lassen. Das Brötchen in Scheiben schneiden, in eine hitzebeständige Schüssel legen und mit der Milch überbrühen.
Nach ca. 10 Minuten die Brötchenscheiben gut ausdrücken und beiseitestellen.

Dann das Mark mit dem Schneebesen schaumig schlagen. Ei, Semmelbrösel sowie die ausgedrückten Semmelscheiben zugeben und gut durchmischen.

Einen Topf mit Salzwasser zum Kochen bringen. Währenddessen ein Probeklößchen formen, ins siedende Wasser geben und ca. 10 Minuten ziehen lassen. Probieren und gegebenenfalls nachwürzen. Danach mit feuchten Händen aus der restlichen Masse Klößchen von ca. 2 cm Durchmesser formen. 10 Minuten im siedenden Salzwasser gar ziehen lassen und mit einem Schaumlöffel aus dem Wasser holen.

Brotchips

100 g Weißbrot
2 Zweige Rosmarin
4 Zweige Thymian
2 Stängel Oregano
40 ml Olivenöl
Fleur de Sel

Den Ofen auf 160 °C (Ober-/Unterhitze) vorheizen.

Das Brot dünn aufschneiden, am besten mit einer Aufschnittmaschine. Auf einem Backblech oder -rost auslegen. Die Kräuter von den Stängeln zupfen, gegebenenfalls fein schneiden.

Die Brotscheiben mit Olivenöl beträufeln, mit den Kräutern und nach Geschmack mit Fleur de Sel bestreuen. Etwa 8 Minuten im Ofen rösten.

Auch mit dunklen Broten lassen sich hervorragende Brotchips herstellen. Anstelle der Kräuter sind hier auch Pfeffer, Koriander- und Fenchelsaat gut geeignet.

Schwarzbrotbrösel

80 g Schwarzbrot
25 g Butter
Salz

Das Schwarzbrot grob zerkleinern und in einem Mixer zu feinen Krumen verarbeiten. In einer Pfanne die Butter bei kleiner Hitze aufschäumen lassen und die Brösel darin knusprig anbraten. Regelmäßig wenden und nach Belieben salzen.

Auf Küchenpapier geben, um überschüssiges Fett aufzusaugen.

Backerbsen

60 g Weizenmehl (Type 405)
2 Bio-Eier (Größe M)
1 ½ EL Milch
Salz
frisch geriebene Muskatnuss
Frittierfett

Mehl, Eier und Milch mit je 1 Prise Salz und Muskatnuss in einer Schüssel verrühren. Das Fett ca. 2–3 cm hoch in einer tiefen Pfanne erhitzen. Es hat die richtige Temperatur, wenn sich um einen Tropfen Teig Bläschen bilden. Die Teigmasse durch ein grobes Sieb in das heiße Fett streichen.

Wenn die Backerbsen goldgelb sind, mit einem Schaumlöffel herausnehmen und auf Küchenpapier abtropfen lassen. Diesen Vorgang wiederholen, bis der Teig aufgebraucht ist.

Zwiebelringe

100 g Zwiebeln
80 g Weizenmehl (Type 405)
1 TL gemahlener Kümmel
1 TL Paprikapulver
1 Prise Cayennepfeffer
Frittierfett
Salz

Die Zwiebeln schälen und in gleichmäßig dünne Ringe schneiden. Das Mehl mit frisch gemahlenem Kümmel, Paprika und Cayenne vermischen.

Frittierfett in einem tiefen Topf auf 180 °C erhitzen und auf einem Backblech einige Lagen Küchenpapier auslegen.

Die Zwiebeln nach und nach im Mehl wenden, in ein Sieb füllen und überschüssiges Mehl absieben. Die Zwiebelringe vorsichtig in das heiße Fett geben und mit einem Schaumlöffel in Bewegung halten. Wenn sie knusprig sind, mit dem Schaumlöffel aus dem Fett holen und auf dem Küchenpapier abtropfen lassen. Anschließend salzen und genießen.
Offen aufbewahren.

Zweierlei Gemüsechips

1 Rote Bete
1 Gelbe Bete
1 Ringelbete
1 Bund Grünkohl
Frittierfett
Salz

Die Beten schälen und in feine Scheiben hobeln. Den Grünkohl von den Rispen ziehen.

Das Fett in einem ausreichend großen Topf auf etwa 170 °C erhitzen. Währenddessen den Ofen auf 120 °C (Ober-/Unterhitze) vorheizen und ein Backblech mit drei Lagen Küchenpapier auslegen.

Die Gemüsesorten separat voneinander und immer nur in kleinen Mengen in das heiße Fett geben. Das Gemüse muss im Öl mit genug Platz schwimmen können. Dabei mit einem Schaumlöffel oder einer Pinzette immer in Bewegung halten, bis das Gemüse anfängt zu bräunen. Dann sofort herausnehmen und auf das Blech zum Abtropfen legen.

Das Gemüse zum Nachtrocknen in den Ofen schieben, bis es knusprig ist. Die Beten brauchen hierfür länger als der Kohl. Nach Belieben mit Salz servieren.

So gut wie jedes Gemüse kann zu Chips verarbeitet werden. Manche Gemüsesorten (wie z. B. Karotten) gelingen besser, wenn man sie vorher in Salzwasser blanchiert.

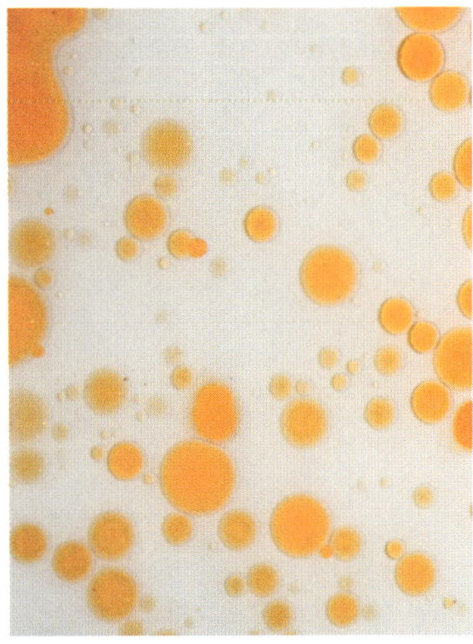

Chiliöl

2 Knoblauchzehen
150 ml Öl
40 g Gochugaru (koreanische Chiliflocken) oder andere getrocknete Chiliflocken

Den Knoblauch mit einem Messerrücken andrücken. Mit dem Öl in einen Topf geben und auf etwa 130 °C erhitzen. 30 Minuten ziehen lassen, dann auf etwa 170 °C erhitzen.

Die Chiliflocken in eine ausreichend große feuerfeste Schale geben und mit dem heißen Öl übergießen. Auskühlen lassen, abseihen und in saubere Flaschen füllen.

Wacholderöl

2–3 EL Wacholderbeeren
1 l Öl

Die Wacholderbeeren für 2–3 Wochen im Öl abgedeckt einlegen. Danach die Beeren aus dem Öl nehmen, in eine saubere Flasche füllen und dunkel aufbewahren.

Hier sind den Möglichkeiten keine Grenzen gesetzt. Auch andere Gewürze eignen sich bestens für die Herstellung verschiedenster Gewürzöle. Ob Fenchel, Anis, Kümmel oder eine Mischung aus mehreren Gewürzen. Einfach nach dem gleichen Prinzip wie oben beschrieben vorgehen.

Grünes Öl

200 ml geschmacksneutrales Öl
50 g frische Kräuter

Hierfür eignen sich alle feinen Kräuter wie Kerbel, Schnittlauch, Koriandergrün, Liebstöckel, Dill, Petersilie, Basilikum etc. Das Öl sollte möglichst geschmacksneutral sein, um den Geschmack der Kräuter nicht zu überdecken. Geeignet sind hierfür beispielsweise Sonnenblumenkernöl, Traubenkernöl oder ein mildes Olivenöl.

Das Öl in einem Topf auf 90 °C erhitzen, die gewünschten Kräuter waschen und fein schneiden.

Die Kräuter in einen Mixbecher geben, das Öl zügig zugeben und für etwa 10 Minuten pürieren. Danach durch ein feines Sieb in ein verschließbares Behältnis abseihen. Im Kühlschrank ist das Öl für ca. 4 Wochen haltbar.

Chili-Essig

1 Knoblauchzehe
2 Jalapeño-Schoten
80 ml Reisessig

Den Knoblauch schälen und in feine Scheiben schneiden. Die Jalapeño vierteln, die Samen entfernen und die Schoten in Streifen schneiden.

Knoblauch sowie Jalapeño mit dem Reisessig in ein Einmachglas füllen und mit 80 ml kochendem Wasser auffüllen. Abkühlen und für 1 Tag ziehen lassen.

Verschlossen im Kühlschrank aufbewahren.

Ganz nach Geschmack können hier auch andere Chilischoten verwendet werden.

Pesto

50 g Basilikum
1 Knoblauchzehe
Salz
1 EL Pinienkerne
schwarzer Pfeffer aus der Mühle
100 g Parmesan
50 ml natives Olivenöl extra, plus mehr zum Auffüllen

Basilikumblätter von den Stängeln zupfen, den Knoblauch schälen. Die Basilikumblätter nach und nach mit 1 Prise Salz im Mörser mit dem Stößel stampfen und gegen die Innenseite des Mörsers reiben.
Den Knoblauch zufügen und ausgiebig stampfen. Pinienkerne und etwas frisch gemahlenen Pfeffer zugeben und ebenso mörsern, bis alles fein zerkleinert ist.

Den Parmesan fein reiben und mit dem Olivenöl sorgfältig unterrühren. Wenn nötig nochmals mit Salz und Pfeffer nachwürzen. In ein verschließbares Behältnis füllen und bis zur Verwendung mit Olivenöl bedecken.

Rouille

1 Knoblauchzehe
Salz
60 g Weißbrot
1 Bio-Eigelb
½ TL Piment d'Espelette (französisches Chilipulver)
120 ml natives Olivenöl extra

Knoblauch schälen und fein reiben oder mit etwas Salz und einem Messerrücken auf einem Brett zu einer Paste verarbeiten, indem man mit dem Messerrücken den Knoblauch immer wieder zerdrückt. Das Weißbrot grob würfeln.

Knoblauch, Brot, Eigelb und Piment d'Espelette in einen Mixbecher geben und pürieren. Das Olivenöl tröpfchenweise einfließen lassen. Zum Schluss mit Salz abschmecken.

Rouille passt gut zu Fischgerichten. Am besten schmeckt die Rouille, wenn man das Brot vorher in etwas warme Fisch- oder Krustentierbrühe einweicht.

Gesalzene Kürbiskerne

100 g Kürbiskerne vom Ölkürbis
Salz

Die Kürbiskerne in einer Pfanne rösten, bis sie zu knacken beginnen und sich aufblähen. Regelmäßig wenden, bis alle Kerne gleichmäßig geröstet sind.

Dann 2 TL Salz und 3 EL Wasser zugeben. Die Pfanne über der Hitze schwenken, bis das Wasser verdampft ist und sich ein salzig weißer Mantel um die Kernchen gelegt hat.

Abkühlen lassen und auf Suppen oder pur genießen.

Sonnenblumenkerne

SÜSS UND SALZIG
100 g Sonnenblumenkerne
3 Knoblauchzehen
1 TL Salz
2 EL Puderzucker

Die Sonnenblumenkerne trocken in einer Pfanne anrösten. Immer wieder schwenken, sodass sie von allen Seiten bräunen.

Die Knoblauchzehen reiben. Salz, Puderzucker und Knoblauch zu den Sonnenblumenkernen geben. Gut umrühren, damit die Kerne gleichmäßig von dem karamellisierenden Zucker überzogen werden.

Ein Backblech mit Backpapier auslegen, die Kerne daraufgeben, gleichmäßig mit einem Löffel verteilen und auskühlen lassen. Dann mit den Händen in einzelne Kerne teilen.

Luftdicht verschlossen aufbewahren. Schmeckt nicht nur zu Suppen und Eintöpfen.

Register

L

M

N

O

Foto: © Maximilian Fries

Vitae

Katharina Pflug, geb. 1990 in Würzburg, ist freie Food-Fotografin aus Fürth. Nach ihrer Lehre zur Werbefotografin und dem Fotografiestudium dokumentiert und erzählt sie mit Neugier und viel Fantasie Geschichten – vom Essen und den Menschen dahinter. Sie produziert Kochbücher, wie z. B. *Nanettes Backbuch, Nanettes Kochbuch* und *Nanettes Gartenküche* sowie (mit Manuel Kohler und Siegfried Zelnhefer) *Die Bratwurst.*

Manuel Kohler, Jahrgang 1990, ist gelernter Zimmermann und ausgebildeter Koch. In seiner Arbeitsstätte, der *Mobilen Kochkunst* in Nürnberg, kreiert er aus hochwertigen regionalen Produkten schmackhafte und saisonale Gerichte. Mit Katharina Pflug realisiert er Kochbücher. Er arbeitete unter anderem an *Nanettes Backbuch, Nanettes Kochbuch* und *Nanettes Gartenküche* mit, und prouzierte gemeinsam mit Katharina Pflug und Siegfried Zelnhefer das ausgezeichnete Kochbuch *Die Bratwurst.*